# KUŞLAR, HARİKA KUŞLAR

**Hubert Reeves** 1932'de Montréal'de doğdu. Klasik eğitimini Jean-de-Brébeuf Koleji'nde yaptı (1950). Montréal Üniversitesi'nin Fen Fakültesi'nde fizik bakaloryasını tamamladı (1953). Sonra McGill Üniversitesi'ne master tezini sundu: *Formation of Positronium in Hydrogen and Helium* (1955). Cornell Üniversitesi'nde (Ithaca, New York) nükleer astrofizik eğitimi gördü. Burada termonükleer reaksiyon üzerine doktora tezini verdi. 1960'dan 1964'e kadar Montréal Üniversitesi'nde fizik öğretmenliği yaptı. Aynı dönem içerisinde, Nasa'da bilim danışmanlığı yaptı. 1964-1965'te Brüksel Üniversitesi'ne öğretmen olarak davet edildi. 1966'dan beri CNRS'in (Ulusal Bilimsel Araştırma Merkezi) yöneticiliğini, Fransa'da Saclay'de atom enerjisi üzerine özel görevini sürdürüyor. Aynı zamanda, Montréal Üniversitesi'nde öğretmenlik görevini sürdürüyor.

**Burcu Şahinli** 1979'da İstanbul'da doğdu. Halen Galatasaray Üniversitesi İletişim Fakültesi Sinema ve Televizyon Bölümü'nde öğrenimini sürdürmektedir. TuzlaWave2000, I Woke up in Motion (2000), La Rochelle (1999) film festivallerinde çeşitli görevlerde bulunmuş, ayrıca *On Air* dergisinde çeşitli makaleleri yayımlanmıştır.

DOĞAN KARDEŞ KİTAPLIĞI - 150
— *ilkgençlik* —

# HUBERT REEVES

# Kuşlar, Harika Kuşlar

ÇEVİREN:
BURCU ŞAHİNLİ

İSTANBUL

Yapı Kredi Yayınları - 1417
Doğan Kardeş Kitaplığı -150
— ilkgençlik —

Kuşlar, Harika Kuşlar / Hubert Reeves
Çeviren: Burcu Şahinli

Kitap Editörü: Orçun Türkay

Genel Tasarım: Faruk Ulay
Kapak Tasarımı: Nahide Dikel
Baskı: Şefik Matbaası

1. Baskı: İstanbul, Aralık 2000
ISBN 975-08-0246-2

© Yapı Kredi Kültür Sanat Yayıncılık Ticaret ve Sanayi A.Ş., 1999

Yapı Kredi Kültür Sanat Yayıncılık Ticaret ve Sanayi A.Ş.
Yapı Kredi Kültür Merkezi
İstiklal Caddesi No. 285 Beyoğlu 80050 İstanbul
Telefon: (0 212) 252 47 00 (pbx) Faks: (0 212) 293 07 23
http://www.yapikrediyayinlari.com
http://www.shop.superonline.com/yky
e-posta: ykkultur@ykykultur.com.tr

# İÇİNDEKİLER

*Önsöz* • 11

**KEŞFETMEK**
En Uzak Tarihöncesi... • 17
*Evrenin Başkalaşımları* • 18
*Felsefi Yankılar* • 20
Yıldızların Kalbi Parmağımızın Ucunda • 21
*Yıldız Patlamaları* • 24
Laurentide Kayalıkları Üzerinde Bir Yabankazı Sürüsü • 26
*Teknolojik Ufuklar* • 30
Karmaşıklığın Tohumları • 32
*Sonsuzların Diyalogu* • 34
*Kitabın Planı* • 37

**ASTROBİYOLOJİ**
Geçmişin Kalıntıları • 41
*İlkbahar ve Sonbahar* • 42
*Mevsimler ve Ay* • 45
*Kuyrukluyıldızlar Karanlıktan Çıkar* • 49
*Gezegen Kortejinin Doğuşu* • 53
*Ay'ın Kökeni* • 56

Göktaşları ve Biyolojik Evrim • 60
*Uzaydan Gelen Bir Katil mi?* • 60
*Magma Burgaçları* • 64
*Göktaşları ve Metafizik* • 65

Yıldız ve Galaksi Kalıntıları • 67
Chartres Katedrali • 71

## KURALLAR KOYMAK
Kuvvetler • 76
*Yaratıcı Buluşmalar* • 76
*Kuvvetlerin Dökümü* • 77
*Kütlesel Çekim Kuvveti* • 78
*Kütlesel Çekim ve Kozmik Evrim* • 78
*Elektromanyetik Kuvvet* • 79
*Serendiplilik* • 81
*Elektromanyetik Kuvvet ve Kozmik Evrim* • 85
*Nükleer Kuvvet* • 86
*Nükleer Kuvvet ve Kozmik Evrim* • 87
*Kuvvetlerin Şiddeti* • 89
*Zayıf Kuvvet* • 90
*Zayıf Kuvvet ve Kozmik Evrim* • 92
*Rastlantılar* • 94

Enerjiler • 96
*Enerjinin Niteliği* • 98
*Enerji Kalitesini Yeniden Yükseltmek* • 100
*Genişleme Yardıma Koşuyor* • 101

Kuvvetlerin Doğuşu • 102
*Simetri Kaybı ve Faz Geçişleri* • 104
*Kütle Edinmek* • 107
*Karşıt Maddenin Yengisi* • 107
*Proton Dayanıklı mıdır?* • 108

**OYNAMAK**
Geleceği Görebilir miyiz? • 114
*Üç Bemol* • 115
*Kaotik Büyütme* • 115
*Genişleme* • 116
*Kristal Kürede Ne Görülebilir?* • 117
*Çekim Havzaları* • 118
*Kurnaz Demokritos* • 118

Erteleme ve Çeşitlilik • 119
*Kırağı Çiçekleri* • 121

Doğuş ve Evrensellik • 124
*Hidrojen Atomu* • 125
*Su Hareketini Düzenler* • 128
*On Kilometre Boyunda Bir Balık* • 129
*Hücre Atomları* • 130

Bilgiler • 131
*Kristallerin Belleği, Baştankaraların Belleği* • 131
*Bilgi Dilleri* • 133
*Karmaşıklık ve Bilgi* • 136
*Entropi ve Bilgi* • 139

**BİYOLOJİK KARMAŞIKLIĞIN TOHUMLARI**
İyileştirmek • 143

Yarasalar • 144
*Yön Bulma Teknikleri* • 145
*Avın Yerini Belirlemek* • 146
*Avın Hareketi* • 148
*Avı Tanımlamak* • 148
*Değişen Frekans* • 150
*Armoniler* • 151

Göçler • 153
*Pusula ve Harita* • 153
*Güneş* • 154
*Gece Yolculuğu* • 156
*Manyetizma* • 158
*Kulaklar* • 160
*Burun* • 161
*Yer Ezberlemek* • 161

Öğrenmek • 164
*Bağışıklık Sistemi* • 166
*Karmaşık Adaptatif Sistemler* • 168
*Bildiğini Bilen Bilgi* • 170

**TARTIŞMALAR**
Göktaşına Teşekkürler • 175
*Zincirleri Kırmak* • 178

Olasılıklar ve Zamanlama • 181

Küçük Tamiratlar • 184
*Kuşlar Tamir Edilmiş Dinozorlardır* • 185

Bunda Bir Şey Yok • 189
*Bencil Genler* • 191

Yürekten İnanışlar • 193
*Granitin Ortasından Fışkıran Lav Gibi* • 194
*Kozmik Maya* • 195

*Bu kitabı kuşlara ithaf ediyorum.*

Narbülbülünün hüzünlü şarkısına,
uzun bahar akşamlarında söylediği.

Kırlangıçların gürültülü dansına,
gündoğumunda, gölcüğün üstünde
içiçe geçen, göl yüzeyini sıyırıp
tekrar mavi göğe yükselen sürülere.

Bu kitabı çitkuşlarına ve çalıbülbüllerine ithaf ediyorum,
sabahın erken saatlerinde kırda gezinirken
bana eşlik eden.

Ayrıca parlak yaprakları penceremin önüne düşen
büyük kiraz ağacında yaşayanlara ithaf ediyorum.
Tüyleri siyah ve kavuniçi şakrak kuşuna,
olgun meyvelerle beslenen.
Ve onun donuk renkli, narin dostuna.
Gök baştankaralara,
kırmızı kirazları tek hamlede koparan.

*Kitabımı son olarak ağaçlardaki ispinozlara ithaf ediyorum.*

tiz ezgilerini usanmadan yineleyen.
Ve ıslıklı ezgisi sonsuz çeşitlilikteki
karatavuklara ithaf ediyorum.

Bu kitabı, onlarla birlikte yazdım.
Bana verdikleri mutluluk için
onlara minnettarım.

Şakrak kuşu.

# Önsöz

*Hey! Sen ne seversin, tuhaf yabancı?*
*Ben bulutları severim... geçen bulutları...*
*orada... orada...*
*bulutlar... harika bulutlar!*

BAUDELAIRE
YABANCI*

Bu kitabın yazılışında, sorunlu gençlerle çalışan uzman bir eğitmenin isteğinin büyük etkisi oldu. Birkaç yıl önce, onun Quebec'teki enstitüsüne davet edildiğimde bir grup gençle sohbet etme fırsatı buldum. Gençlerin kendilerini koyverişini, hatta umutsuzluklarını** içimde hissettim.

Eğitmenleri daha sonra bana şöyle dedi: "Yıldızlar ve evren hakkındaki sözlerinizin, onları ne kadar derinden etkilediğini tahmin edemezsiniz. Sürekli bu konudan bahsediyorlar. Sözlerinin ardında, körelmiş yaşama güdülerini uyandırma arzusu hissediliyor."

* Bu kitabın adında, "Spleen de Paris"ten aldığım ve serbest uyarlama yaptığım bu dizelerden esinlendim.
** İstatistikler, on sekiz yaşının altındaki gençlerde intihar oranının hızla yükseldiğini gösteriyor. Günümüzde bu oran orta yaş ve üstü yaş gruplarında görülen intihar oranının üstündedir.

Bir başka sefer de, bir psikanalist gökyüzünün düzeni ve güzelliği üzerine bir söyleşinin şizofrenler üzerinde yaptığı yararlı etkilerden ve onlara verdiği dinginlikten bahsetmişti.

Bu bilgi alışverişlerinin ardından, hayatın tüm ağırlığıyla üstlerine bindiği bu insanlara varoluşlarını borçlu oldukları harika kozmik olaylar zincirini anlatmak üzere kitabı yazmaya giriştim.

Kitap, 1997 baharında neredeyse bitmişti. Kumun üzerine yayılarak yıldızlı göğü ve Hale-Bopp kuyrukluyıldızını gözlemlediğimiz bir Sahara gezisinin dönüşünde ciddi sağlık sorunlarıyla karşılaştım.

İlk kez Paris'te hastaneye kaldırıldım, omurgamdan bir dizi iğne oldum (hiç tavsiye etmem...). İkinci kez, Auxerre'de acilen hastaneye kaldırıldım; çeşitli komplikasyonların başgösterdiği ciddi bir karınzarı ameliyatı geçirdim. Uyandığımda plastik tüpler beni her yanımdan delik deşik etmişti. Müthiş rahatsızdım. Delik deşik bir boru fabrikasından başka bir şeye benzemiyordum. Hemşireler gece gündüz beni "değiştiriyorlardı". Büyük bir bezginlik sarmıştı içimi. Bunun sona ermesini istiyordum. Ölüm düşüncesi beni rahatlatıyordu.

Uykusuzluk çektiğim gecelerden birinde, gözlerimi pencereye çevirdim ve Büyük Ayı'nın yıldızlarını gördüm. İçimde yoğun bir duygunun doğduğunu hissettim ve şöyle dediğimi duydum: "Hayattayım!". Gözlerimi takımyıldıza dikmiş dururken, bu söz defalarca kafamda yinelendi. Ölüm düşüncesi bir daha hiç aklımdan geçmedi.

Bana göz kırpan yıldızların kurtarıcı büyüsü hakkında düşünürken, aklıma Mahler'in ölen bir dostu için yazmış olduğu bir şarkı geldi: "Artık çanların çalışını duymuyorsun, kuşların ötüşünü duymuyorsun, ne Güneş'i ne de Ay'ı görüyorsun.". Bu tanıdık yıldızlar bana şöyle diyordu: "Sen daima bizimlesin.".

Fakat bunun yanında bir de, acı içindeki bedenimin köklerinin kozmik mekânlar ve zamanların devasa uzamında bulunduğu düşüncesi kafamda belirdi. Hastanedeki odamın penceresinden görülen yıldızların pırıldaması, bana çekirdeklerinde ürettikleri atomları ve bu atomların evrenin evriminde oynadığı önemli rolü hatırlattı. Bu kitap, tüm varoluş "yorgunları" için yazıldı, ve bundan faydalanan ilk kişi ben oldum! Quebec'teki enstitüde bulunan gençler bana daha şimdiden, benim onlara vermeyi düşündüğüm moral desteğini vermişti. Bunun için onlara minnettarım.

# 1
# KEŞFETMEK

# En Uzak Tarihöncesi...

Bilimsel kariyerim boyunca, Evren'e bakışımızın köklü değişimler geçirdiğini gördüm. Amerika'daki Cornell Üniversitesi'ndeki hocalarım, nükleer astrofiziğin öncüleriydi. Savaş patlak vermeden az önce, Hans Bethe yıldız enerjisinin kaynağı konusuna tatmin edici bir yanıt getirmişti: Güneş'in içindeki yoğun ısı, dört protonun birleşerek bir helyum oluşturmasını sağlar. Bu nükleer tepkimenin iki önemli sonucu vardır. Öncelikle, Güneş'in parlamasını ve faydalandığımız ısısını yaymasını sağlar. İkinci olarak, yeni bir element meydana getirir: helyum. Tez hocam Edwin Salpeter, "kırmızı dev" yıldızların merkezinde, bu helyumdan yola çıkarak karbon ve oksijen atomlarının nasıl oluştuğunu gösterdi.

Doktora tezim, bu öykünün bir sonraki bölümünü ele alıyordu. "Kırmızı üst dev" yıldızlarda karbon ve oksijenin birleşmesi sonucu neon, sodyum, magnezyum, alüminyum ve silisyum elementlerinin oluşumuyla ilgileniyordum. Tezimi yazarken, nükleosentez denen bu yeni bilimin gelişimi ile yerküredeki yaşamın evrimi arasında gördüğüm benzerlik karşısında şaşkınlığa düştüm. Biyoloji, bugün gezegenimizde yaşayan organizmalarda görülen çok çeşitliliğin her zaman varolmadığını söyler. Canlı organizmalar, ortaya çıkmışlar ve suda yaşayan ilkel hücrelerin birleşmesiyle yavaş yavaş dönüşüm geçirmişlerdir. Bizim astrofizik çalışmalarımız ise, evrendeki atomlarda görülen çeşitliliğin her zaman varolmadığını söylüyordu. Çalışmamın konusu olan nükleer evrim, yıldızların merkezlerindeki nükleer tepkimelerin birincil elementi olan hidrojenden yola çıkarak, kimyasal türlerin kökenini ve özümlenir duruma gelmelerini gün ışığına çıkarmayı amaçlıyordu. İşte size köken ve evrimden söz açan iki paralel öykü.

Daha çarpıcı olan, bu iki öykünün iç içe geçmiş durumda olmasıdır. İlkel hücreler karmaşık moleküllerden, bu karmaşık moleküller de yıldızlardan kaynaklanan atomlardan oluşmuş değil midir? Şu halde evrim kavramı doğadaki tüm fenomenleri kapsar. Ambarın çatısında tiz sesiyle ezgisini durmaksızın yineleyen kanarya, her birimiz gibi, evrenin en eski zamanlarındaki ilk hidrojenle başlayan uzun bir hazırlanma sürecinin sonucudur.

Peki bu bereketli hidrojen nereden gelmektedir? Protonlar da (hidrojen atomlarının çekirdekleri) her zaman varolmuş değillerdir. Modern fizikteki gelişmeler, protonların evrende ortaya çıkış biçimlerini keşfetmemize olanak vermektedir. Kuvarklara dayalı proton oluşumları, devamında atomların ve canlıların ortaya çıktığı evrim sürecine dahildirler. Günümüzde fizikçiler yoğun olarak, bu kuvvetlerin kökeni ve Evren'imizin yapısını her boyutta biçimlendirmiş olan bu temel parçacıkların sorunuyla ilgilenmektedirler.

*Evrenin Başkalaşımları*

1930'lu yıllarda, Hubble'ın galaksi hareketleri üzerine yaptığı ve George Lemaître tarafından Albert Einstein'ın görelilik (izafiyet) kuramıyla birleştirilen gözlemler, dünyayı kavrayışımızı büyük ölçüde değiştirdi. Genişleyen ve soğuyan bir evrende yaşamaktayız. 1965'te Penzias ve Wilson tarafından keşfedilen fon ışıması, big bang (büyük patlama) denilen bu kurama büyük destek sağladı. Fon ışımasının özellikleri üzerine yapılan ayrıntılı çalışmalar, bu kuramın fizik çevrelerinde genel anlamda kabul görmesine neden oldu.

Bu kurama göre Evren, büyük başkalaşımların sahnesidir. Önceleri evrenin *yerlilerine* (atomlar ve canlı hücreler) özgü olarak kabul edilen evrim kavramı, şimdi evrenin *bütününü* kapsamaktadır! 1970'lerden başlayarak fizikçiler ve astrofizikçiler, Evren'in tarihini çözümlemek ve yazmak için güçlerini birleştirirler.

Teleskoplardan elde edilen bilgilerle hızlandırıcılardan elde edilen bilgiler birleştirildiğinde, dünyanın geçmişinin şimdiki durumundan oldukça farklı olduğu sonucu çıkar. İlk zamanlarda Evren, olağanüstü sıcak, olağanüstü yoğun fakat hepsinden öte, tamamen düzensizdir. Bu, Yunan şair Hesiodos'un zihninde kurduğu gibi, bir "kaostur".

Burada "kaos" derken, *düzenlenmiş yapıların yokluğunu* kastediyorum. Hayvansız, tabii ki, bitkisiz fakat aynı zamanda galaksisiz, yıldızsız, hatta molekülsüz ve atomsuz bir evren. Modern fizik en uzak geçmiş için daha da kaotik bir görüntü çizer: O dönemde, bildiğimiz kuvvetlerin ve parçacıkların da varlığı söz konusu değildir. Bu ilk kuvvetler ve parçacıklar saniyenin milyarda birlik ilk dilimlerinde ortaya çıkacaklardır.

Birinci saniyenin sonunda, parçacıklar ve kuvvetler bugün bildiğimiz özelliklerine kavuştular. Evren, tamamen ayrışmış "temel parçacıklardan" oluşan homojen ve sıcak devasa bir püreye benziyordu. Bildiğimiz elektronların ve fotonların yanında, "kuvarklar", "nötrinolar" gibi daha farklı parçacıkları da barındırıyordu.

Meyvelerle kaplı büyük kiraz ağacının üzerindeki obur şakrak kuşları bu temelde *aynı*, fakat tamamen *farklı* bir konfigürasyona göre düzenlenmiş temel parçacıklardan oluşmuştur. Hareketlerindeki zarafet, evrenin kaos zamanlarından bu yana geçirmiş olduğu derin evrimi gözlerimizin önüne serer. Milyar kere milyar kere milyar tane parçacık, olağanüstü karmaşıklıktaki yapılarda biraraya gelmiş, düzenlenmiş, birleşmişlerdir. İşte tüm fark buradadır! Evren'in öyküsü, eski zamanların akıl almaz kaosunun başkalaşarak günümüzdeki yapıların mükemmel birlikteliğine ve düzenine kavuşmasının hikâyesi olarak okunabilir.

*Felsefi Yankılar*

Auxerre hastanesinde, akşamları, her zamanki kontrollerden sonra, doktorum astrofizik ve felsefe üzerine tartışmak için odama geliyordu. Jeanne Hersch'in *L'Etonnement Philosophique*[1] *(Felsefi Şaşkınlık)* adlı kitabından beslenen konuşmalarımız esnasında, Thales'ten Milet'ten Karl Jaspers'e değin, Platon, Descartes, Kant, Kierkegaard vb. filozofların farklı "dünya görüşleri" ile yeniden ilişki kurma fırsatı buldum.

Özellikle Aristo'nun akla yatkınlığı ve modernliği karşısında hayrete kapıldım. "Doğada, diye yazıyordu, bir çeşit sanat söz konusudur; içteki maddeyi işleyen bir çeşit yönlen-

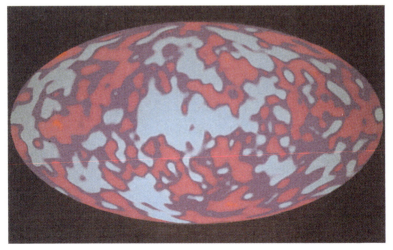

*Evren'in ilk zamanlarında gökyüzünün görünümü.*
Cobe uydusundan çekilmiştir. Renklerle kodlanmış bu gözlemin yorumlanması, yapılanmamış ve kaotik, tekil bir Evren fikrini doğrular.

dirilmiş teknik yeterlilik. Biçim, maddeyi sarar, belirsizliği zapteder."

"Madde" sözcüğüyle, evrenin başlangıcındaki farkllılaşmamış durumunu ve "biçim" sözcüğüyle de, Evren'in şu anki düzenini bağdaştırırsak, bu kitabın konusunu birkaç sözcükle dile getirmiş oluruz. "Biçimin" "belirsiz madde" içindeki bu yapılanmasını betimlemek için Aristo, maddede bulunan "yeterlilikler" ve bunların zaman içinde gelişerek "olmuşlukları" kavramlarını kullanıyordu. Bu, tam da bizim ileriki bölümlerde anlatacaklarımıza denk düşmektedir. Kitabın ilerleyen bölümlerinde aynı şekilde, "yaratıcı evrim"i çerçevesinde Henry Bergson'un düşüncesinin birçok öğesini ve "düşünen saz" teması çevresinde Blaise Pascal'ın büyük sezgilerini bulacağız.

## Yıldızların Kalbi Parmağımızın Ucunda

Yüksek bir dağın patikalarını tırmanan gezgin, manzaranın gözlerinin önünde yavaş yavaş değişmesine tanık olur. Her dönemeç, dik yamaçlarıyla yepyeni derin vadiler ortaya çıkarır. Ne var ki, bu değişimin şaşırtıcı etkisi, genellikle tırmanışın süresi ve verdiği yorgunluk yüzünden azalır. Dağcımız, şaşırmadan önce alışır.

Zirveye ulaşıp, bakışı o ana dek dağın gizlediği manzaranın diğer yarısını keşfettiğinde, kendini, ansızın önünde beliren yeni sonsuzluğa kaptırır.

Yaşamımızda izlediğimiz yol, dağcının tırmanışından farklı değildir. Varlığımızın tüm tuhaflığı, hızla gözlerimizin önünden silinir. Alışkanlığın kalın tabakaları, yaşamımızın çılgınlığını örter.

Mutluluğu bulmak için amatör tırmanışcılar, dağcılar, paraşütçüler, bina tırmanışçıları, gönüllü olarak, sıklıkla maliyeti yüksek bazen de tehlikeli kahramanlıklara soyunurlar.

Biz, mutluluğa çok daha az masraflı bir yoldan ulaşacağız. Saflık derecesinde yalın sorgulayışlar, içimizde başdöndürücü heyecanlar uyandırabilir. Ulaşmak istediğimiz zirveler, bazen düşündüğümüzden çok daha yakınımızdadır.

İlk zirve, *kelimenin tam anlamıyla*, elimizin altındadır... Sol elin bir parmağını, sağ başparmağın arkasındaki atardamarın üzerine koyarız. Buna, "nabız ölçmek" denir. Ne var ki, vuruşları saymaktan çok, atışların ritmine kapılırız. Trenin büyülü nakaratıyla sallanan dalgın yolcu gibi, kendimizi geçen zamanın devinimine bırakırız. Kalp atışları hem ray, hem de trendir. Bizi, geçmişimize bağlar[2].

Vuruşların ritmiyle sarsılan parmağımız bileğin üzerinde, varoluşumuzun izlediği yolun yeniden üzerinden geçeriz. Bu sadık atış, en başından beri bize eşlik eder. Bizimle özdeşleşir. Sorgulayan gençlik döneminden, hayalci çocukluktan, döl halindeki dinginliğimize, embriyonun kalbinin ilk atışlarına kadar "bizdir". Varoluşumuzun tanık olduğu bütün olaylar, karmaşalar bu yol üzerinde gerçekleşir. Bu sadık ritm sayesinde, insan vücudunun yaşamsal organları düzenlenirken amniyotik ana sıvısında yüzen o birkaç santimetrelik küçük varlığa, o küçük "ben"e doğrudan bağlanırız. Bu ufacık kalbin, bizi on yıllardan beri hayatta tutan ve durması, gerçekliğin dışına geçişimizi işaret edecek olan bu olağanüstü mekaniği başlatarak ilk kez attığı anı, heyecanlanmaksızın kafamızda canlandıramayız.

Milyonlar, milyarlar ya da bu büyüklükteki rakamlar, imgelemimizin ve somut algılayışımızın dışında görünür. Ne var ki insan kalbi *yirmi beş yılda yaklaşık olarak bir milyar kere* atar, yani ortalama bir yaşamda üç milyar kere; tam anlamıyla "astronomik" bir rakam. Ritmin senede bir vuruş olduğunu düşünecek olursak, bu rakam yaklaşık olarak, ilk hücrelerin su tabakalarında ortaya çıkışlarından bu yana Dünya üzerinde süregelen yaşam süresine karşılık gelir.

Kalbimizin ilk atışları bizi, yaratıcı hareketin yanına götürür. Milyarlarca spermatozoit, cinsel bir enerji patlamasıyla dölyatağını işgal eder. Aralarından biri, o şanlı kahraman, rahim çeperini aşar. Genetik mesajlar birleşir ve yeni bir varlık doğar. Bu mesajlar arasında, çarpan kalp üretiminin tarifi de vardır. Birkaç hafta içinde doktor, stetoskobunda küçük embriyonun hızlı kalp atışlarını duyacaktır.

Ana-babalarımız da, bu tarifi kendi ebeveynlerinden almışlardır. Onların ana-babaları da onu, benzer koşullarda kendilerine miras kalan genetik çantada bulmuştur vs.

-Çarpan-yürek treninde varoluşumuzun seyrini, ana rahmine düşüşümüze dek vardırdık. Gelin şimdi -çarpan-yürek-tarifi-treni'ne binelim. Sonsuz sayıdaki atalarımızın kalp atışlarındaki düzenli aralıklar, ilkbahar aşklarının yumurtalarla spermleri birleştirdiği anların arasına karışır. Ritm, tarifin aktarıldığı milyarlarca cinsel patlama tarafından ayarlanır.

Bu trenin pencerelerinden Roma İmparatorluğu'na, mağara adamlarına, ilkel insanımsılara dek tüm atalarımızın uçsuz bucaksız soyunu görürüz. Bundan öte, yol bizi maymunların, ağaçlarda yaşayan küçük maymunların, memelilerin, sürüngenlerin, kurbağagillerin, balıkların ve ilk deniz hayvanlarının alemine götürür.

Hayvan evriminde kalbin kökeni hakkında az bilgi sahibiyiz. İlk canlıların, bakterilerin ve mavi alglerin kalbi yoktur, kalbe gereksinim duymazlar. Sıvılar, küçük vücutlarının darlığında kolaylıkla dolaşabilmektedir. Ancak, bundan bir milyar yıl önce ilk suda yaşayan organizmalar ortaya çıktığında, sorunlar baş gösterir. Her hücre besinsel maddeler almak ve artıklarından kurtulmak zorundadır. Hücrelerden organizma yüzeyine giden yol uzun ve zorlu olabilmektedir. İşte bu noktada, bir pompa gereksinimi ortaya çıkar. Bugün sahip olduğumuz harika aletin yanında ilk kalpler şüphesiz çok eksikti. Ancak yine de atıyorlardı...

Önünde göz alabildiğine uzanan manzara karşısında baş dönmesine kapılan dağcı gibi biz de nabzımızla yerküresel yaşamın bir milyar yılına uzandık. Parmağımızın ucunda hissedilen bu kalbi borçlu olduğumuz basit organizmalarla (kurtçuklar, denizanaları) olan sıkı bağımızın bilincine vardık.

*Yıldız Patlamaları*

Zaman ve mekan içinde çok daha ileri götürüldüğünde, aynı egzersiz bizi yıldızların doğasının ritmine götürecektir. Bu kez ritmi belirleyecek olan, yeni atom ekinlerini galaktik uzaya boşaltan dev yıldız patlamalarıdır.

Başparmağımız halen bileğin üzerinde, kalp vuruşlarının ritmini unutalım ve dikkatimizi derinin dokusu üzerinde toplayalım. Mikroskobik düzeyde, deri dokusu karbon, azot, oksijen ve hidrojen atomlarından oluşur. Esnek bir bağla bağlı bu atomlar, "dokunmanın" verdiği ılık ve hoş duyguya yol açar.

Yıldızların içi, bu atomların üretildiği fabrikalardır. Atomları, güneş sisteminin ortaya çıkmasından çok önce, gökyüzünü sarsarak kıyameti andıran bir ölümle yok olmuş yıldızlara borçluyuz. Yıldız patlamalarında boşaltılan yeni atomlar, yıldızlara gebe bulutsuları "döller". Sayısız jeolojik ve biyolojik olayda dönüp dolaşan bu atomlar, yerküremizin görünümünü oluşturur. Sağ bilek üstündeki sol başparmak bize, gök ve yaşam arasında geçen konuşmadan yeni bir kesit sunar. Bizi, Samanyolu'muzun ilk zamanlarını aydınlatan yıldızların akkor halindeki kalplerine bağlar.

"Söylence yokluğu yüzünden, diye yazar Nietzsche[3], tüm uygarlıklar, doğaları gereği kendilerinde bulunan yaratıcı erki kaybeder; yalnızca söylencelerle sınırlandırılmış bir görüş alanı, uygarlığın birliğinin güvencesidir."

Eski insanlar gökyüzüne zengin bir mitoloji addetmişlerdi. Her takımyıldız, tanrıları ya da kahramanları anlatan bir

*Crabe Bulutsusu.*
Her büyük kütleli yıldız patlaması, müthiş çeşitlilikte yeni atomların kaynağıdır.

öykünün izini taşıyordu. Bugün artık Kuğu ve Karga takımyıldızları bize Orpheus ya da Afrodit'i ifade etmiyor, hatta aynı adı taşıyan kuşların dışında hiçbir anlam taşımıyorlar. Hastanedeki odamdan görülen Büyük Ayı gibi, bu takımyıldızlar da bizi doğuran bu olağanüstü kozmik sagayı yeniden belleğimize yerleştiriyorlar. "Modern mitoloji", gökbilimsel gözlemevlerinde doğuyor.

## Laurentide Kayalıkları üzerinde bir yabankazı sürüsü

Montréal'in kuzeyinde Laurentideler'de geçirdiğim güneşli bir ekim gününün bende çok canlı bir anısı vardır. Son günlerine yaklaşan sonbahar, yapraklara yumuşak renkler veriyordu. Yuvarlak ve rengârenk tepeler, göz alabildiğine uzanıyordu. Güneş, ufukta alçalıyordu. Kuru ve soğuk havayı keyifle içime çekiyordum.

*Göç eden yabankazlarının formasyonu.*

Paslı makaraların gıcırtılı sesine benzer düzensiz bir uğultu dikkatimi çekti. Bir yabankazı sürüsü, parlak mavi gökteki tek tük dağınık bulutlar arasından süzülerek ilerliyordu. Boyunları öne doğru çıkık, uzun ayakları geriye uzanmış uçan kuşlar; hareketli oklardan yoğun bir ağ; geniş düğümleri zarafetle bir dolanıp bir çözülen uçsuz bucaksız beyaz bir örgü oluşturuyordu. Kanatlı desenlerini durmadan bozup yeniden kuran kazlar, her seferinde gökkubbenin önemli bir bölümünü kaplıyorlardı. Batan Güneş'le dik açı oluşturarak, şaşmaz bir düzenle güneye doğru süzülüyorlardı.

Uzun süre göçmenlerin bu uçuşunu bakışlarımla takip ettim. Uzak mesafeden bile, bu devasa ağın örgülerinin oluşturduğu hareketli deseni seçebiliyordum. Alacakaranlığın renkli bulutları, izlemeyi daha güç kılıyordu. Ay ve Jüpiter, kararmış gökyüzünde şimdiden parlıyorlardı. Gözden yitmeden önce, bir kez daha, kesin bir kararlılıkla güneye yöneldiklerini gördüm.

Nereye gidiyorlardı? Yanıtı biliyordum: Tourmente Burnu'na, ırmağın bir deniz kadar genişlediği, Saint-Laurent'de bir yarımadaya. Davetsiz olmayan bu misafirler için korunup düzenlenmiş olan Tourmente Burnu, ileride yapacağınız bir Quebec yolculuğunda programınıza dahil etmenize değer. Sezonda yüz binlerce kuş orada buluşur. Kanatları gökyüzünü beyaza boyar.

Hiçbir şey, dağların üzerinden süzülerek ufuktan yaklaşan yeni bir sürünün gelişinden daha etkileyici olamaz. Beyaz kuşlar, havaya çizmiş oldukları deseni gürültüyle bozar ve saz köklerinin, onlara keşif gezilerine devam etme gücünü veren besinin bol olduğu bataklık kıyıları üzerine üşüşürler. Birkaç günlük konaklamanın ardından, gruplar yeniden oluşur. Kuşlar yeniden gökyüzüne kavuşurlar ve Amerika kıyılarının ılıman ikliminde bulunan bir önceki seneki yuvalarına hiç hatasız ve bir çırpıda ulaşırlar.

Bu manzara önünde duyulan hissi daha iyi anlatabilmek için, sözü Quebec'li şair Joseph-Henri Le Tourneux' ye bırakıyorum.

"Sonra bir sabah, kentlerden ve kalabalıklardan kararmış güney ufkunda, beyaz kazlar takımyıldızların şaşmazlığıyla, mızrak demirine benzeyen güzel biçimlerini koruyarak ve kulak kabartarak, adeta aşıklarına gider gibi mıknatıslı ve gizli akımlarla yönlerini bularak yükselirler. Konvoyların önündeki nöbetçi kaptanlar, uçurumların üstünde paytak paytak yürüyen uzun çizgilerin makara ve kablo gıcırtıları eşliğinde başı çekerler.

Ah tüm gökte ve tüm karanın üzerinde, öylesine kutsal hareketler, güçlü devinimler, tantanalı ve boyalı şenlikler, gökyüzünün her yerinden ve yeryüzünün üzerinden narin dokuda bin atılım! Ulaşmak için bir yuvanın gizindeki ufacık inceliklere."

Bu görkemli kuşlar nerede doğdular? Yakın zamanda Baffin'den, yazlık yuvalarının yeri olan Kuzey Buz Denizi'ndeki büyük bir adadan geliyorlar. Peki ya önceleri, çok daha önceleri? Kazlar nasıl ortaya çıktılar? Üç bin kilometrelik yolculuktan sonra yuvalarını bulmayı nasıl öğrendiler?

Kuşlar, yetenekleri, göçleri evrenimizin olağanüstü zenginliğinin en heyecan verici tanıklıklarından birini oluşturur. Burada, kaotik birincil maddeden kırlangıçların zarif uçuşunun doğmasını sağlayan kozmik "mayanın" "tohumlarını" araştırmada bize kılavuzluk edecekler. Astronomi, fizik, kimya ve biyoloji sayesinde, bu tohumların bazılarını saptayabilecek durumdayız. Kesin yanıtlarımız olamamakla birlikte; yanıt öğelerine, yol gösterici damarlara ve yönlendirici çizgilere sahibiz. Bu sorular çağdaş bilimadamlarının kaygılarının merkezinde bulunmaktadır.

Sonuçlar şaşkınlık vericidir. Başımız üzerinden geçen kazların bu basit uçuşu, bize evrenin yaşının milyonlarca yıl ve

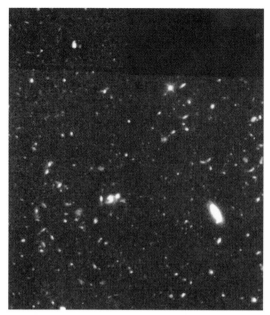

*Evren'in çok büyük ölçekte görünümü.* Her ışık lekesi, Güneş'imiz gibi yüz milyarlarca yıldızdan oluşan, galaksimiz Samanyolu gibi bir galaksidir. Mavimtırak küçük galaksiler, yaklaşık 10 milyar ışık yılı uzaklığındadır, hemen hemen gözlemlenebilir Evren'in sınırlarında yer alırlar. Onları, on milyar yıl önceki halleriyle görüyoruz. Evrenimiz çok büyük ve çok yaşlıdır.

genişliğinin milyarlarca ışık yılı olduğunu söyler. *Düşünceler (Pensées)* adlı yapıtında Blaise Pascal şöyle yazar: "Öncesindeki sonsuzluğun içinde emilmiş olan kısacık yaşam süremi ve yok saydığım ve beni yok sayan yerlerin sonsuz büyüklüğünde kaybolan, kapladığım ve hatta gördüğüm küçük yeri düşündükçe, korkuya kapılıyorum..." ("Bahse Girme Zorunluluğu" [De La Nécessité Du Pari]). Onu yatıştırabiliriz: Bu sınırsız büyüklükteki yerler ve zamanlar, yaşamın ve hatta Blaise Pascal'ın kendisinin ortaya çıkabilmesinde *esas* teşkil eder...

Daha ilginci, kazların uçuşunun, uzak galaksilerin evren düzeyinde devasa bir genişleme hareketi içinde sürüklendiklerini ortaya koymasıdır. Statik bir evren, büyük ve sonsuz da olsa, kısır kalırdı. Bu genişleme gereksinimi bizi, tüm yol boyunca izleyecek. Bazen hiç beklenmedik yerlerde karşımıza çıkacak.

Bu kitabın izlekleri, çok sayıda farklı bilimsel disiplini kapsamaktadır. Öyle ki; hiç kimse aynı anda bütün bu alanlarda uzman olamaz. Ne var ki, bireşimsel (sentetik) bir görüşe ulaşabilmek için bunları ele almak gerekir. Kitabın sonunda kendi girişimlerimi sunmaya girişeceğim. Eleştirilere ve yorumlara açıktır.

### Teknolojik Ufuklar

"Sarsılan kayığın ortasında balık tutmakla uğraşan balıkçı, değneğine dayanmış bir çoban ya da sabanının başındaki bir çiftçi, (kuşları) gördüğünde donakaldı ve havada gezinebilen bu varlıkların tanrı olduğunu düşündü." (Ovidius, İÖ. I.yy'da yaşamış Latin şair)

Ovidius'un yaşadığı dönemde, uçmak insan olanaklarını kesinkes aşıyordu. Balıkçının, çobanın ve çiftçinin pratik bilgileri ile kuşların bu bildik uçuşları arasındaki mesafe son derece genişti; doğal bir açıklama olabileceği fikri bile düşünülemezdi. "Bu varlıklar tanrıdır." Geleneksel mitolojilerin pek çoğunda kuşlar "mucizevi" yetilere sahip tanrısallaştırılmış kişiliklerdir. Britanya Kolombiyası'ndaki Haida kabilesinin kargası, yer ve gök arasında mekik dokur.

Geçmiş yüzyıllar boyunca, doğadaki enerjileri ve kuvvetleri keşfettik. Bu bilgiler ışığında, maddenin özelliklerini kendi yararımıza kullanmayı öğrendik ve hayvanlarla bitkilerin o ana dek gizemli kalmış olan birtakım davranışlarını aydınlığa kavuşturduk.

Bilgilerdeki bu gelişimin tam anlamıyla şaşırtıcı bir yanını açıklamak için bu çalışmadan faydalanacağız. İnsanlar yeni bir teknik geliştirdiklerinde, kuvvetlerin özgün bir kullanımını bulduklarında, genellikle devamında doğanın onları uzun zamandan beri bu yolda kullanageldiğini saptar. Yarasaların sesötesi dalgalar üzerindeki hakimiyeti, göçmen kuşların yön bulma teknikleri yanında Körfez Savaşı'nda başarılanlar sönük kalacaktır. Etologların\* hayvan yetenekleri hakkında gerçekleştirdiği son buluşlar, doğal olarak, temel ilkeler ortaya konulmadıkça mümkün olamazdı.

Yetkin bir mühendis bugün ne yapabileceğini bilir. Genel anlamda öngörülebilir bir gelecekte araştırma ve geliştirme programları sona erdiğinde neyi gerçekleştirme yetisine sahip olacağı hakkında elle tutulur bir fikri vardır. Mantıklı bir şekilde bel bağlayabileceği başarılardaki düzeltmeyi şimdiden ölçer. Ayrıca, daha uzak bir gelecek için daha cesur tasarılar geliştirmek ister. Bu tasarıların aşılamaz zorlukları, çağdaş ilerlemelerin seyrinde muhtemelen çözüme kavuşacaktır. Daha ileride, "teknolojik ufuk" dediğimiz şeyin ötesinde, gerçekleştirilmeleri şu an için düşünülemez olan daha da "çılgın" tasarılar olacaktır. Burası mühendisin düş sahasıdır!

Bu ufuk, elbette sabit değildir. Bilim ve teknolojideki ilerlemelerle birlikte o da yer değiştirir. Bir uçağın uçuşu Ovidius'un ufkunun oldukça ötesindeydi. Leonardo da Vinci'nin krokileriyle uçak düşünülebilir oldu. Bugün gezegenlerarası seferler (Ay'a, Mars'a, Jüpiter'e vs.) sıradan sayılıyor, ama galaksilerüstü bir gezi ufkumuzun[4] ötesinde yeralıyor.

Dünya hakkındaki düşüncelerimiz, büyük ölçüde, çağdaş teknolojik ufka bağımlıdır. Bunun çok açık bir nedeni vardır: Doğanın becerisini, ancak bu ufukla sınırlı bir alan içinde tanıyabiliyor ve takdir edebiliyoruz. Bunun ötesinde, yalnızca düş kurabiliriz. Ne ki doğa bizi şimdiden orada bekliyor!

---

\* etoloji: hayvan türlerinin davranışlarını doğal ortamlarında inceleyen bilim dalı. (ç.n.)

## Karmaşıklığın Tohumları

Peki ama, "karmaşıklık" sözcüğünün tam anlamı nedir? Doğal olarak hepimizin bu konuda sezgisel bir fikri vardır. Kimse şunu inkar edemez: bir protein, onu oluşturan atomlardan daha karmaşıktır; tek tek alındığında atomların her birinde bulunmayan özgün özelliklere sahiptir. Bir yabankazı, organizmasının hücrelerine oranla daha çeşitli davranışlar gösterir. Buraya kadar herşey yolundadır.

Karmaşıklığın tam bir tanımını yapmak çok güçtür. Karmaşıklık kavramının çok çeşitli yönleri, yoğun ve çelişkili tartışmaların konusudur. Santa Fe, New Mexico (A.B.D.)'da, yalnızca karmaşıklık üzerine çalışmaların yapıldığı bir bilim enstitüsünde gerçekleştirilen bir konferansta, katılımcılar karmaşıklığın otuz farklı ve bazen uyuşmaz görünen[5] tanımını yapmışlardı.

Ancak düşünecek olursak, birkaç sözcüğe indirgenemez olması, zaten karmaşıklığın doğası gereği değil midir? Bu, zaman ya da aşk gibi bitmez tükenmez bir konudur. Her şeyini irdeleyerek düşünmek boşuna olacaktır. Bu yüzden, bu konu çevresinde var olan ve verimli bir tartışmaya yatkın belirsizliği korumaya özen göstereceğiz. Bir kez daha tanımını yapmaya çalışmak yerine, "karmaşık bir varlıkta" sezgisel olarak biraraya getirdiğimiz nitelikleri tanımlamaya çalışacağız. *Birleşik, etkileşimli, çeşitli, uyum sağlayabilen* sözcükleri bu niteliklere uygun düşmektedir. Bu nitelikler aşağıdaki paragrafta ele alınacaklar. Bu liste eksiksiz değildir. Başka nitelikler de bu listeye eklenmeyi hak etmektedir.

Kazların göçlerinin başarısı, kanatlar ve gözler arasında sürekli bir eşgüdümü zorunlu kılar. Karmaşık varlıkta, varlığın tüm öğelerini karşılıklı bağımlı olarak birleştiren, onlara bütünsel ve birleşik bir tutum, yani bir "ben" kazandıran bir iç tutarlılık vardır. Bununla birlikte, bu varlık geri kalan dünyadan yalıtılmış, kendi üzerine kapanmış değildir. Çevresine ve üstünde etkili olan kuvvetlere tepki verir. Uçan bir kaz, manyetik yer alanıyla sürekli bir etkileşim içindedir.

Karmaşık varlıklar çeşitlidir. Her birey, hem ait olduğu ailenin özelliklerini hem de kendine özgü özellikler taşır. Bireysel özellikleri algılamak bazen güçtür. Bir Fransız için tüm Çinliler birbirlerine benzer, bunun tersi de geçerlidir. Quebec'teki Bonaventure Adası'ndaki simsük kuşları sadık çiftler halinde yaşarlar. Bize birbirlerinden farksız görünürler. Ne var ki; her biri onbinlerce türdeşi arasından eşini ve yavrularını bulur.

Yıldızlar ve kasırgalar doğar, yaşar ve ölürler. Geçmiş yaşantılarından hiçbir şekilde yararlanamazlar. Buna karşılık, karmaşık bir sistem, öğrenme yetisine sahiptir. Dış dünyadan gelen bilgileri kullanarak davranış biçimini uygun hale getirir ve edimlerini mümkün olan en iyi duruma ulaştırır. Bu düzeyde; karmaşık sistem *uyum sağlar* hale gelir.

Konserlerde, perdenin açılmasından birkaç dakika önce, her müzisyen kendi çalgısını akort eder. Uyumsuz bir ses kakışması, kulaklarımıza ulaşır. Orkestra şefi ilerler ve sopasını kaldırarak bir senfoniyi başlatır. Düzensiz ses yığını düzenlenmiş ve müzisyenlerin katkılarını biraraya getiren müzikal bir uyuma dönüşmüştür.

Bu örnek, karışıklıkla karmaşıklık arasındaki farkı gösterir. Bir sistem, aralarında bir bağ olmayan çok sayıda öğe içeriyorsa, karışık olarak nitelendirilir (bizim örneğimizde, konser öncesindeki tutarsız sesler buna karşılık gelir). Karmaşık bir sistemde ise, tersine, öğelerin bütünselliği ve karşılıklı bağımlılığı; karışık sistemlerde bulunmayan yeni özelliklerin ortaya çıkmasına neden olur. Konserde yaşanan duygu ya da organik moleküllerden oluşan bir bakterinin zehirleme gücü için durum budur. Amaçsız kalabalık karışık bir sistemdir; orkestra ise karmaşık bir sistemdir.

*"Sonsuzların" Diyalogu*

Eski insanların Evren'i, –Evren'in merkezi olarak kabul edilen– Dünya, yaydıkları ışık yüzünden Güneş ve Ay; ve de "yıldızların tatlı ışıltısı" yüzünden gökkubbeyle sınırlıydı; bu haliyle bizim yabankazlarını doğurabilmek için çok küçük kalırdı. Yıldızların doğumu ve ölümü, boyutları yüzbinlerce ışık yılıyla[6] ifade edilen galaksilerin varlığını gerekli kılar. Bu galaksilerin ortaya çıkması ve evrimleşmesi ise dev boyutlarda bir Evren'i gerektirir. Bu da, en azından bir kaç milyar ışık yılı demektir.

Atomların oluşumu, birkaç milyar yıl süren yıldız kuşaklarının varlığını gerektirir. Bizim gezegenimizde de, yaşamın ortaya çıkması ve kuşların doğuşuna kadar olan evrimi dört milyar yıldan fazla sürmüştür. Bizim varlığımız, Evren'imizin yaşının birkaç milyar yıl olduğunu gösterir.

Kitabın önsözünde bahsettiğim gibi, hastanede geçirdiğim günlerde eski ve yeni filozofların evren hakkındaki düşüncelerini yeniden inceleme fırsatı buldum. Çağdaş bilimsel bilgiler ışığında yeniden okuduğum bu görüş ve sezgiler, bana inanılmayacak ölçüde etkileyici ve son derece öğretici gözüktü. Aristo'nun görüşlerinin akla yatkınlığından daha önce söz etmiştim. Kitabın sonunda buna yeniden döneceğiz. Şimdi, büyük sezgiciler arasında anılmayı hakeden başka düşünürlerden alıntılar yapmak istiyorum.

Evren'in boyutu sorusuna, XV. yüzyılda, Nicolas de Cusa'nın (1401-1464) yapıtında rastlarız. Nicolas de Cusa, Evren'in sonsuz olduğunu söyler ve şu güzel sözleri yazar: "Evren'in merkezi her yerdedir, sınırları ise hiçbir yerde bulunmaz." Konferanslarım sırasında, big-bang teorisinin doğurduğu kaçınılmaz sorulara karşılık olarak genellikle bu sözü alıntılarım.

Evrenin sonsuzluğunun mutsuz kurbanı, o tutkulu savaşçının adı Giordano Bruno'dur (1548-1600). Tanrıbilimcilerin

"Yalnız Tanrı sonsuzdur" savına, Bruno şeytanca bir karşılık vermişti: "Yalnızca sonsuz bir Evren, sonsuz bir Tanrı'ya lâyıktır." Bruno, "büyüklük" hakkındaki düşünceleri yüzünden, Roma'da Piazza dei Fiori'de diri diri yakılarak can verecekti. Buna karşılık, sonsuz Evren düşüncesi Johannes Kepler'e (1571-1630) korku verir. O, bunda tüm düzenlerin, biçimlerin, mekânların yıkılması tehdidini bulur. "İnsanlık ve birey, bu durumda, sahip oldukları yerlerini kaybedeceklerdir." demişti.

Evrenin boyutlarından aynı şekilde etkilenmiş olan Pascal, iki sonsuzun varlığına işaret eder: büyük sonsuzluk ve küçük sonsuzluk[7]. Astronomik boyutla (gezegenler, yıldızlar [galaksilere henüz varılamamıştı]) mikroskobik boyutu (karıncalar ve daha küçük organizmalar [henüz moleküller gözlemlenemiyordu]) karşı karşıya getirir. İnsanın bu iki evren arasındaki "orta yolda", iki boyutun kesişme noktasında yer aldığını yazar. "Mekânda, evren beni kapsar ve bir nokta gibi yutar; düşüncede ise ben onu kapsıyorum." (*Düşünceler [Pensées]*)

Bu noktada, biz de bu boyutlara bir yenisini eklemekteyiz: karmaşıklık boyutunu. Arka sayfadaki şekil, zamanın soldan sağa aktığı bir şemada karmaşıklık boyutunun diğer iki boyuta olan konumunu göstermektedir.

Burada, "küçük sonsuzluk" ile "büyük sonsuzluk" arasında geçen inanılmaz verimlilikte bir diyalog; atomik boyuttaki fenomenlerle astronomik boyuttaki fenomenler arasındaki etkileşim ortaya çıkar. Evren, bütününde temel parçacıklar ve kuvvetler doğurur. Yıldızlar atomları üretir. Gezegenlerarası uzay ve gezegen tabanları moleküllerin doğumuna sahne olur. Bu iki boyut arasındaki orta yolda, bu çok sayıdaki etkileşimler; önce ilkel hücreler biçiminde, sonrasında evrim süreciyle birlikte, çok hücreli organizmalar, memeliler, insanımsılar, ekosistemler biçiminde, yaşamı ortaya çıkarır.

Boyutlar arasındaki bu etkileşim parçacıklar, atomlar ve moleküllerle yetinmez; tüm biyolojik evrim süresince etkin

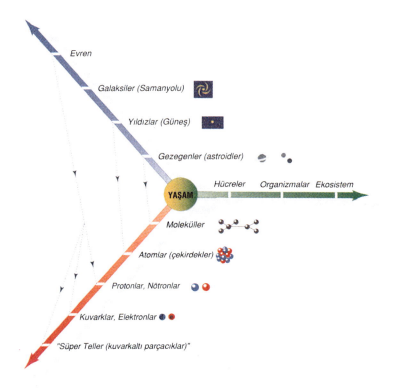

*Evrenin üç ölçeği.*
Karmaşıklığın artması (yatay ölçek) "büyük sonsuzluk" (gezegenler, yıldızlar, galaksiler, Evren) ile "küçük sonsuzluk" (moleküller, atomlar, nükleonlar, kuvarklar ve farazî "süper teller" [kuvarkaltı parçacıklar]) arasındaki verimli etkileşimden doğar. Zaman, sağa doğru akar.

olarak devam eder. Güneş'in içinde yanarak helyuma dönüşen hidrojenler dört milyar yıldan beri gezegenimizi sıcak tutmaktadır. Bu yıldız tarafından yayılan düzenli akım, canlı enerjilerin kaynağı olan fotosentezin devamını sağlar. İkinci bölümde, kuyrukluyıldız ve göktaşı düşüşlerinin, yeryüzündeki biyolojik evrimin gelişiminde oynadığı büyük rolü oynayacağız. Üçüncü bölümde ise, evrenin yaşanılabilir kalması için gerekli olan kozmik soğuma ve genişlemenin asıl öneminden bahsedeceğiz.

"İnsan yalnızca bir sazdır, doğanın en zayıfıdır; fakat düşünen bir sazdır, diye yazar Pascal. Onu ezebilmek için tüm evrenin silahlanması gerekmez: bir buhar, bir damla su onu öldürmeye yeter. Ne var ki; evren onu ezdiğinde insan, onu öldürenden daha soylu olacaktır; çünkü o öldüğünü bilir, oysa evren, insan karşısında sahip olduğu üstünlük hakkında hiçbir şey bilmez." (*Düşünceler [Pensées]*). Pascal'a evrenin kayıtsız büyüklüğü karşısında narin bir üstünlük sağlayan bilinç, bize iki sonsuzun karşılıklı diyalogunun sonucu gibi görünmektedir.

*Kitabın Planı*

Karmaşıklığın evrensel boyuta ulaşmasıyla ortaya çıkan bu görüntü, bizi birçok düzeyde ilgilendirir. Hayret uyandırır, bilimsel açıklamalar gereksinimini ve metafizik sorgulayışı doğurur. Bu üç öğe, bu kitabın omurgasını oluşturmaktadır. İleriki bölümlerde, diğer ikisi kulislerde gizli varlığını hissettirirken, bu öğelerden her biri sırayla sahne alacak. Son bölümde ise üçü birlikte tekrar sahneye çıkacaklar.

İkinci bölümün başlığı olan "Astrobiyoloji" bu kitabın alt başlığı ile birleşir: "Gökle yaşam arasındaki diyaloglar". Astronomik olaylar ile yeryüzünde yaşamın evrimi arasındaki derin ve uzun zaman kuşku uyandırmamış bağları gözler önüne serer. İlk bakışta bizimle ilgisiz gibi görünen birtakım gezegen, yıldız ve galaksi olaylarının, karmaşıklığın artması çerçevesine yerleştirildiklerinde, varoluşumuzla ve bu varoluşun koşullarıyla nasıl sıkı sıkıya bağlı olduklarını gösterir.

Ardından, bilimsel bilgilerimizin ışığında, "karmaşıklığın tohumları" konusunu ele alacağız. Daha basit söylersek, maddenin baştaki kaotik magma durumunda kalmasındansa düzenlenmesini sağlayanın ne olduğu sorusuna yanıt vermeye çalışacağız. Sorunun yanıtı, kuvvetlerin ve enerjilerin varlığını (bölüm 3) ve rastlantı, olumsallık ve "gecikme" (bölüm 4) gibi daha oyunbaz öğelerin rolünü ortaya koyar.

Beşinci bölüm bizi, biyolojik karmaşıklığın hünerleri karşısında hayrete düşürür. Doğa olaylarının olağanüstü derecede incelikli kullanımı, yarasaların sese duyarlılıkları ve göçmen kuşların kılavuzluk teknikleriyle gösterilecek. Son bölümde, yaşamın en temel fakat aynı zamanda en gizemli özelliklerinden birini ele alacağız: öğrenme yeteneğini. Deneme-yanılma yoluyla öğrenme yöntemleri, adaptatif (uyum sağlayan) karmaşık sistem örnekleriyle gösterilecek. Peki ama böylesine güçlü bir karmaşıklık tohumu Dünya'da nasıl oluştu? Bu, hâlâ bir soru...

Tartışmalar, altıncı bölümün konusu. Araştırmacıların, karmaşıklığın artması düşüncesi karşısındaki tepkileri çok sayıda ve genellikle çelişkilidir. Bunda, gerçekten bu kadar tartışılacak bir şey var mı? Bu noktada, kendi sezgilerimi geliştirebilmek için bazı düşünürlerin görüşlerinden destek alacağım ve Mont-Royal, Quebec'te beyaz ve siyah taşlardan oluşan bir maden ocağının önünde Aristo'yla, Blaise Pascal'la ve Henri Bergson'la yeniden temas kuracağız.

# 2
# ASTROBİYOLOJİ

1997 ilkbaharında, Hale-Bopp kuyrukluyıldızı göğümüzü aydınlatmaya geldi. Resimde, iki kuyruğu (bir beyaz ve bir mavi kuyruk) net olarak seçiliyor.

Evrenin sonsuz büyüklüğünde meydana gelen herşey bizi ilgilendirir. Bir yandan göktaşları, gezegenler, yıldızlar, galaksiler ve kara delikler; öte yandan moleküller, atomlar, nükleonlar ve kuvarklar kendi varoluş öykümüzün parçalarıdır. Bu kitabın mesajı budur.

Bu bölümde kırda gezintiye çıkacağız. Tanıdık manzaralar ardından, karmaşıklığın evrensel boyuttaki şakınlık verici evriminin birtakım öğelerini bulup çıkaracağız. Yapraksız, çıplak ağaç diplerindeki ilkbahar çiçekleri, Ay'ın ılık deniz üzerine düşen gümüş rengi yansımaları, 1997 baharının koyu gecesinde tatlı tatlı parlayan Hale-Bopp kuyrukluyıldızının iki kuyruğu bize, sırayla ve kendi dillerinde, gök ve yaşamın konuşmasını anlatacak.

Düşündükçe, bu manzaralar arasından, ilk bakışta varoluşumuzla son derece ilgisiz gözüken, beklenmedik olaylar bulup çıkaracağız. Bu olaylar modern bilimin ışığında yeniden ele alınıp böylelikle asıl önemleri ortaya çıktığında, tamamen farklı bir bakış açısı kazanacağız. Bizi uzak bir geçmişe ve devasa boyutlara fırlatacaklar. Pascal'ın sonsuzlukları, korkumuzu haklı çıkarmaktan çok, hayatın altyapısının hazırlandığı yerler olacaklar.

### Geçmişin Kalıntıları

Arkeologların dilinde fosil, geçmişin bir tanığıdır. Mağara zeminleri, kaya diplerindeki sığınaklar, bundan on binlerce yıl önce Neanderthal insanlarının yonttuğu taşlarla kaplıdır. Taşların zarif biçimleri, uzak akrabalarımızın kullandığı zanaat tekniklerini yeniden oluşturmamızı ve müthiş ustalıklarını anlamamızı sağlar.

Kökenleri bizi geçmiş durumlara götüren bir grup gökyüzü olayına "astronomik fosiller" diyeceğiz. En yeni teknolojiler sayesinde gerçekleştirilen gözlemler ve modern fizik yorumları bize, varoluşumuzun çerçevesini büyük ölçüde biçimlendirmiş olan birtakım antik dönemleri anlatır.

Takımyıldızların gökyüzündeki hareketleri, mevsim geçişlerini gösterir. Kışın batıda Güneş'in son ışınları da yok olduğunda, görkemli Orion yıldızlı göğün doğusuna yerleşir. Yazın güneyde, Samanyolu'nun kıyısında, Akrep ufuk çizgisine yükselir.

Geleneksel yazınlarda, yıldızlar ve takımyıldızlar mevsim geçişlerinin zamanını belirtmekle kalmazlar, genellikle bu geçişlerden sorumludurlar. Temmuz ayı başlarında, tan vaktinden az önce Sirius (Akyıldız) gökyüzünün doğusunu aydınlatır. Assuan Barajı'nın henüz yapılmamış olduğu dönemde, firavunların Nil'i bu zamanlarda yatağından taşardı. Mısır mitolojisinde Nil tanrıçası Photis'in gözyaşları kıra yayılırdı.

Bugün Nil taşmalarının sebebini biliyoruz. Kaynakları, Photis'in güzel gözleri değil. Ne var ki, Mısırlılar bir anlamda haklıydılar: Taşmalar gökyüzü kökenlidir, fakat uzak bir geçmişte. Uzun bir dolambaçtan sonra bu konuya geri döneceğiz.

*İlkbahar ve Sonbahar*

Yaşadığımız enlemlerde doğanın görüntüsü mevsimlerin devriyle belirlenir: ilkbahar, yaz, sonbahar, kış. Bu devrin önemi yaşımızdan bellidir: "Yirmi yaşında olmak" demek "yirmi bahar görmüş olmak" demektir.

*İlkbahar görünümü.*
Bir kolza çayırında çiçeklenmiş elma ağaçları.

Kış mevsiminin sonunda günler uzar. Güneş ışığı, çıplak ağaç dalları arasından kayarak sarmaşıklar ve ölü yapraklarla kaplı nemli toprağı örter. Şubat-Mayıs arası, orman toprağında bayram olur. Birbiri ardına çiçekler açar ve göçmenler dönüşlerini müjdeler. Genç yaprakların yakında meydana getireceği gündüz gölgeleri, çiçeklenme için öldürücüdür. Dağlaleleri, yıldızçiçekleri, basurotları, ketenler aciliyetin farkındaymış gibi, birbiri ardına büyük ağaç diplerini kaplar. Her hafta sonu, yeni bir renk ve ezgi paleti vaat eder. Tatlı renklerden oluşan bu manzaraların dönüşünü, yüreğimde cömert doğa anaya duyduğum minnettarlıkla karışık bir sıcaklıkla karşılarım. Onları bazen günlüğüme geçiririm, işte bunlardan bazıları:

*28 Şubat.* " Kış bitiyor, çiçekli bahar vakti yakın. Kardelenler şimdiden tomurcuklandı, söğütlerin ve fındıkağaçlarının pamuksu, gri yumakları dallara sarılıyor. "

*28 Mart.* " Açan cezayir menekşeleri orman toprağını mora boyadı. Kırlangıçlar geri geldi. Ambarın yakınlarından gelen aceleci bağırışlar, dönüşlerini haber veriyor. Eski kirişlerin üstünde geçen seneki yuvalarını tamir etmek için acele ediyorlar. "

*5 Nisan.* " Derenin karşısında dağlalelerinden bir halı. Biraz ileride, orman yolu boyunca mor Pers yavşanotlarından bir demet. Yakındaki ormanda, guguk kuşu iki notasını art arda sıralıyor, şarkının aksine hiçbir baykuş yanıt vermiyor. Bu ötüş ilk kez duyulduğunda bir dilek tutulur. "

*26 Nisan.* " Bu hafta açan keten çiçeği. Bembeyaz çiçekler evin önünü tamamen kapladı. Ormandaysa, her yerde taçyapraklı yıldızçiçekleri açıyor. Cezayir menekşeleri hâlâ duruyor, çuhaçiçekleri de ormanın patikalarında. Bülbül yine küçük göle giden yolda. Bir gıcırtılı bir ıslıklı olan monologunu dinlemeye gitmek için sabah erken kalkmak gerekiyor. Çalıbülbülleri büyük ağaçlara yuva yapıyor, keçisağan kuşlarının tiz çığlıkları Güneş'in batışını seslendiriyor. "

*5 Mayıs.* " Sarıasma kuşu ormanın ucundaki büyük dişbudakta ötüyor. Büyük bir sabırla beklendiğinde parlak sarı tüyleri[9] bir an için görülebiliyor. "

Yaz sonunda, tıpkı şarkıda söylendiği gibi, Branlin kıyısının geniş, nemli çayırlarında çiğdemler açar. Kırlangıçlar, çalıbülbülleri ve bülbüller bizi terkederler. Erkenden akşam olur ve sabahlar sislidir. Sığırcık kuşları gürültülü sürüler halinde başımızın üstünden geçer ve hasat edilmiş tarlalara üşüşürler. Ayağımda botlar, ölü yaprakları havalandırarak çamurlu toprakta yürürüm. Guillaume Apollinaire'in bir şiirini anımsarım.

Sisin içinde uzaklaşıyor çarpık bacaklı bir köylü
ve öküzü, ağır ağır
Yoksul ve utangaç, küçük köyleri saklayan
sonbahar sisinde
Ve uzaklaşarak bir şarkı söylüyor köylü
aşka ve ihanete dair
Bir yüzüğü ve kırık bir kalbi anlatan
Ah sonbahar... sonbahar yazı öldürdü
Sisin içinde uzaklaşıyor iki gri karaltı.

## *Mevsimler ve Ay*

İlkbahar-yaz-sonbahar-kış döngüsünün toplam süresi Dünya'nın Güneş etrafında dönüşüne karşılık gelir. Çamlığın çiçeklenişinin, göçlerin ve kuşların aşk şarkılarının haber verdiği bu bir yıllık dönem, bize göksel gerçekliklerle anlatılır. Bu periyod, Güneş ve Dünya arasındaki kütlesel çekimin[9] şiddetiyle belirlenir. Takımyıldızların buna hiçbir etkisi yoktur. Onlar yalnızca bu dönüşün tanıklarıdır. Takımyıldızların

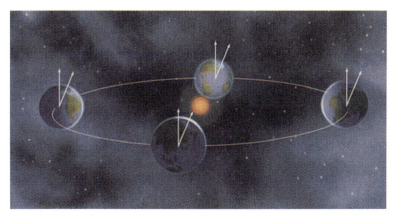

Gezegenimizin kutup ekseni, Güneş'in etrafında çizdiği yörüngesinin ekseniyle 23 derecelik bir açı yapar. Bu eğiklik, mevsimlerin oluşumundan sorumludur.

yıllık dönüşü olmaksızın, Dünya'nın yörüngesel hareketini keşfetmemiz mümkün olmazdı[10]. Ne ki; yıldızların yeryüzündeki yaşam üzerindeki etkisine dair eski inanış haksız sayılmaz. Kazların alacakaranlıkta uçması, gümüş rengi okyanusun üstündeki Ay'ın varlığına sıkı sıkıya bağlıdır. Fakat yine, ileriki bölümlerde keşfedeceğimiz uzak bir geçmişte.

Neden mevsimler var? Neden yaşadığımız bölgelerin iklimi yıl boyunca değişiyor? Bitkilerin ve hayvanların davranışlarını düzenleyen bu yıllık döngünün kökeni nedir?

Dünyamız kendi ekseni etrafındaki dönüşünü bir günde (24 saat) tamamlar. Bu günlük hareketin dönüş ekseni, Küçük Ayı takımyıldızındaki Kutup Yıldızı'na yönelir. Dünya'dan ayrıldığımızı ve Güneş Sistemi'ni gözlemlemek üzere uzaya fırlatıldığımızı düşleyelim. Gözlerimizin önüne, Güneş'in etrafında bir kortej halinde dönen gezegenler serilir. Yörüngeleri, "zodyak" denilen ve ekseni Vega yıldızının yakınındaki Dragon (Ejderha) takımyıldızına bir teker (kurs) çizer. Bu eksen, Dünya'nın dönüş ekseniyle 23 derecelik bir açı oluşturur.

Bu iki eksen paralel olsaydı, günler hep aynı uzunlukta olurdu ve bir yerin ortalama sıcaklığı yıl boyunca değişmezdi. Mevsimler olmazdı ve kuşlar her yıl göç etmeye kalkışmazdı[11].

Bu durumla karşı karşıya olan tek gezegen Dünya değildir. Mars'ta eksen eğikliği 24 derecedir. Kuzey yarımkürede ilkbaharın başlamasıyla beyaz kutup takkesi değişir. Uranüs'te ise en uç durum söz konusudur: İki eksen dik açı oluşturur. Kutuptan bakıldığında Güneş tüm yaz boyunca (Uranüs'te yaz birkaç dünya yılı uzunluğundadır) zenite yapışık kalacaktır.

Peki bu eksenler neden eğiktir? Çevremizdeki bitki ve hayvan türlerinin her biri üzerinde bu denli büyük etkileri olan, gezegen hareketlerindeki bu özel düzenin sebebi nedir? Bu soruyu şimdilik bir kenara bırakalım.

Deniz kıyısında bir başka gece gezintisi. Ay, gökyüzünü aydınlatıyor ve suların karanlığı üzerinde gümüş rengi, uzun bir yansımaya sebep oluyor. Yüzeyinde, masallarda anlatılan "aydedenin" gözlerini, burnunu ve ağzını seçebiliriz. Ay'ın bir ikizi ise son derece farklı bir görüntü sergiler. Bildiğimiz çizgiler kaybolmuştur. Artık o, kara lekelerle imli gri bir küredir. Teleskopla baktığımızda her boyutta ve çok sayıda krater görürüz, bu kraterler bazen içiçe geçmiş halde bulunurlar. Her evrede (Yeni Ay, İlk ve Son Dördün, Dolunay), yanyana oluşturdukları desenler farklı özellikler gösterir.

Ay üzerindeki engebeleri biçimlendiren bu sayısız karışık şeklin kökeni nedir? Her biri, uydumuzun çıplak yüzeyine düşen bir göktaşı sonucunda oluşmuştur. Yıkıntılardan elde edilen ve laboratuarda analiz edilen taş örnekleri, bu çarpışmaların tarihini saptamamızı sağlar. Çoğunluğu, dört milyar yıldan daha eskidir. Güneş Sistemi'nin ilk yüz milyonlu yıllarında meydana gelen son derece yoğun bir bombardımanın izlerine rastlanır. En genç kraterler, ileriki dönemler için çok daha düşük bir düşüş oranına işaret ederler.

Ay yüzeyindeki birçok kraterin çevresinde, araba tekerleği izlerine benzer gümüş rengi çizgiler bulunur. Uzaya fırlatılan ve açığa çıkan ısıyla sıvılaşan Ay parçaları uçuş sırasında katılaşmış ve on binlerce cam bilye halinde art arda düşmüştür. Bazı durumlarda sarsıntının şiddeti, Ay'ın çekim alanından taşlar koparmaya ve bu taşları gezegenlerarası uzaya fırlatmaya yetmiştir. Gezegenimizin Kuzey Kutbu'nda Ay'dan ve hatta daha uzaktaki Mars'tan fırlamış göktaşları bulunmuştur[12].

Göktaşı izleriyle delik deşik olmuş yüzeyler, Güneş Sistemi'nin her yerinde bulunur. Merkür'ün engebeli yüzeyi, biri öbürü sanılacak kadar, Ay'ın yüzeyine benzer *(bkz. resim)*. Kızıl Mars, tıpkı Jüpiter'in, Satürn'ün ve Neptün'ün pek çok uydusu gibi büyük krater tarlaları barındırır. Hatta boyutları on kilometrelerle ölçülen, küçük gezegenlerde bile bu izlere

Ay'ın (solda) ve Merkür'ün (sağda) yüzeyleri göktaşı kraterleriyle kaplıdır.

rastlanır. Dünya, kurtarılmış değildir. Ne var ki buzul, su ve hava aşındırması sonucu kıtasal engebelerin izleri büyük ölçüde silinmiştir; yalnızca yakın zamanlı düşüşler halen görülebilmektedir.

Bu delik deşik yüzeyler birer habercidirler: Kraterleri bize kayalık gezegenlerin oluşum biçimini anlatır. Gezegen yüzeyleri, uzaydan gelen sayısız taşın emilmesi ve birikmesi sonucu oluşmuştur. Geçmişteki çarpışmaların izleri, görülebilen kraterlerin anısını sakladığı daha yakın zamanlı düşüşlerin yıkıntıları altına gömülmüştür.

Dünyamız, dört milyar yıldan daha uzun bir zaman önce işte böyle oluşmuştur. Her göktaşının katkısıyla kütle kazanarak kütlesel çekim alanının, su tabakalarının ve gaz halindeki maddelerin –okyanusların ve atmosferlerin– oluşumuna olanak vereceği eşiğe hızla ulaşmıştır. Bundan böyle yaşam ortaya çıkabilecektir.

## Kuyrukluyıldızlar Karanlıktan Çıkar

1997 baharının harika sürprizi, Hale-Bopp kuyrukluyıldızının parlak çekirdeği ve mavi-beyaz çifte kuyruğuyla gece göğünü aydınlatması oldu. Hale-Bopp, pek çok kişinin kafasındaki kuyrukluyıldız kavramının soyutlama alanından gerçeklikler alanına –üstelik son derece göz alıcı bir gerçeklik olarak– geçmesini sağladı.

Birkaç yıl önce bir başka kuyrukluyıldız aynı şekilde büyük ilgi uyandırdı. Hikâye, Eugene - Mary Shoemaker ve David Levy adlarındaki üç gökbilimcinin Jüpiter yakınlarında ve düzgün bir biçimde art arda sıralanmış bulunan yaklaşık yirmi kuyrukluyıldızı gözlemlediği 1993 yılında başlar. Bu kuyrukluyıldızlar, yörünge hesaplarının gösterdiğine gö-

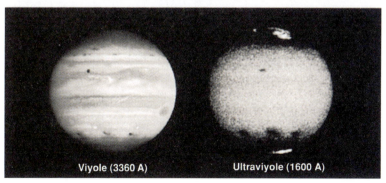

Temmuz 1994'te Shoemaker-Levy kuyrukluyıldızının kalıntıları (yukarıda) Jüpiter'in yüzeyine çarptı. Çarpışmanın izleri Güney yarımkürede (aşağıda) görülebilir.

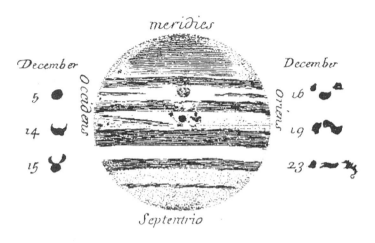

Aralık 1691'de astronom Cassini, Jüpiter gezegeni üzerinde yeni bir leke gözlemler. 5-23 Aralık arası leke, gitgide değişerek Ekvator boyunca yayılmıştır. Büyük ihtimalle, 1994'teki Shoemaker-Levy kuyrukluyıldızına benzer bir kuyrukluyıldız düşüşü söz konusudur.

re, tek bir kuyrukluyıldızın kalıntılarıdırlar. Kuyrukluyıldız bir yıl önce, o dönemde çok yakınından geçtiği dev gezegenin gelgit etkisiyle parçalara bölünmüştü. Bu kuyrukluyıldız kalıntıları, yine hesaplara göre, o sıralar Jüpiter'in yüzeyine doğru ilerlemektedir. 16 ve 24 Temmuz 1994 tarihlerinde her biri sırayla gezegene çarpacaktır. Çarpışma anları dakikası dakikasına öngörülmüştür.

Böylece dünya çapında bir gökbilim festivali başlar. Kızılötesi, ultraviyole ve görülebilir ışınlarla röntgen ve X-ışınlarına duyarlı bir teleskop takımı seferber edilir. Binlerce –profesyonel ve amatör– gökbilimci çarpışmaların her birini gözlemleyip görüntüler. Her çarpışmada ortaya çıkan enerji birkaç milyon atom bombasına denk düşmektedir. Atom bombası patlamalarında çıkanlara benzer dev bulut kümelerinin boyutları birkaç bin kilometreye erişir.

Gezegenin kutupları devasa, kuzey ve güney kızıllığıyla ışıldar. I. Cassini'nin 1682'de Paris gözlemevinde yapmış olduğu bazı Jüpiter yüzeyi çizimleri, zaman sırasına göre düzenlenmiş ve aynı şekilde yorumlanabilecek lekeler ortaya koyar.

Eski bir geleneğe göre kuyrukluyıldızlar kötülük habercisidirler. Bunu anlayabiliriz: Tanıdık takımyıldızlar arasından beliren bu akçıl görüntü, güç kontrol edilebilir bir tuhaflık izlenimi uyandırır. Romalı yazar Suetonius, kuyrukluyıldızları Neron'un kötülüklerinden sorumlu tutar. İmparatorluğun "barbarların" saldırısı sonucu çöküşü, bu "canavar" yıldızların bir kehâneti olacaktı; 451'de Halley kuyrukluyıldızının geçişi Attila ve Hunların Avrupa'ya girişine rastlar. Ambroise Paré 1528'de gördüğü bir kuyrukluyıldızı şu sözlerle betimler: " Korkunç, tüyler ürpertici, kan rengi bir nes-

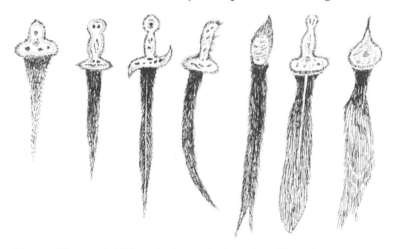

*Johannes Hevelius (1668) tarafından çizilen kuyrukluyıldız resimleri.*
Antik Çağ'da gökyüzünden geçen bir kuyrukluyıldız, genellikle korku yaratırdı. Bugün kuyrukluyıldızlara başka bir gözle bakıyoruz. Gezegenimizin yüzeyine düşen kuyrukluyıldızlar, büyük ihtimalle ilkel yaşamın oluşumunda rol oynamıştır.

ne. Tepesinde, vurmak istercesine kaldırdığı büyük bir kılıç tutan bükük bir kol var."

Çağdaş bilim kuyrukluyıldızların içindeki şeytanı kovdu. Kuyrukluyıldızlar, kötülük kâhinliği şöyle dursun, üzerimizde son derece yararlı bir etki yapmıştır. Bugün değil ama uzak bir geçmişte. Kuyrukluyıldızlar, büyük bir dağ boyutlarında buzul kütleleridir. Güneş'i en yakın yıldızlardan ayıran uzayı, milyonlarca kuyrukluyıldız kaplar. Tesadüfen bu yıldızlardan bir tanesi Güneş'e doğru fırlatılmak üzere yörüngesinden çıkar. Güneş ışığının etkisiyle buzullar yavaş yavaş buharlaşır. Fırlayan maddeler ışıldar ve nefis Hale-Bopp örneğinde olduğu gibi gökyüzünde göz kamaştırıcı kuyruklar çizer.

Giotto araştırma uydusunun 1986'da Halley kuyrukluyıldızının beş yüz kilometre yakınından geçişi ve Hale-Bopp'un ışığının analizi sayesinde bugün kuyrukluyıldızların kimyasal yapılarını biliyoruz. Esas olarak buzdan fakat aynı zamanda katrana benzer çeşitli hidrokarbürlerden ve koyu tozlardan oluşmaktadırlar. Kuyrukluyıldızlarda çok çeşitli organik moleküllerin varlığı ortaya konulmuştur.

Dünya'nın ilk zamanlarında göktaşları ve kuyrukluyıldızlar milyonlar halinde gezegenin yüzeyine çarpar. Buzullar erir ve sıvılaşmış taşlara karışır. Daha sonra, soğumanın ardından sayısız volkanik krater tarafından su buharı dışarı atılır. Atılan su buharı yağmur olarak geri düşer ve su tabakasını oluşturur. Öyle görünüyor ki; kuyrukluyıldızlardaki hidrokarbürler ve siyanürler canlı madde oluşumunda önemli rol oynamıştır. Bu iki olay gösteriyor ki; kuyrukluyıldızlar, ölüm taşıyıcısı olmak şöyle dursun gök ve yaşam rasındaki konuşmaya etkin olarak katılırlar.

*Gezegen Kortejinin Doğuşu*

Son on-yirmi yıl içinde "göksel müdahalelerin" yeryüzünde yaşamın ortaya çıkışındaki öneminin bilincine vardık. Kuyrukluyıldızlar ve göktaşları biraraya gelerek, su tabakasıyla kaplı ve çeşitli moleküller barındıran katı bir yüzey oluşturmuşlardır. Onlar sayesinde Dünya, uzaydan bakıldığında, mavi bir gezegen olarak görünür.

Sorgulayışımızı yine geçmişe iterek, kendimize şimdi de şöyle soracağız: Peki ama bu göktaşları nereden geliyordu? Yanıt bizi aysız, güzel gecelerde çıkan yıldızlı gökyüzüne fırlatır. Elimize iyi bir dürbün alıp bakışlarımızı Samanyolu'nu süsleyen uzun bulutsu sırası üzerinde gezdirelim. Bu zayıf ışıklı kütleler, gökyüzünde hareketsiz değillerdir. Yolları üzerinde karşılaştıkları yıldızlar tarafından aydınlatılarak yıldızlararası uzayda uzun süre başıboş dolaşırlar. Çağlar boyunca koşulların rastlantısı sonucu, biçimleri değişir; kabarır ya da

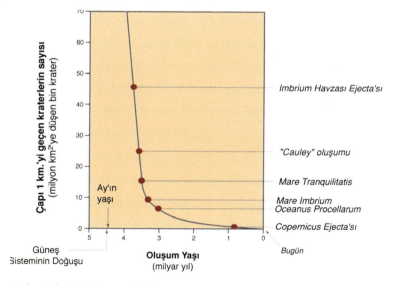

*Ay kraterlerinin oluşum eğrisi.*

büzüşürler. Şurada, patlayan bir yıldızdan (süpernova) yayılan şok dalgaları onları şiddetle sarsar. Başka bir yerde, durgun sularda seyrederler. Düşük ısılarda kendi içlerine kapanırlar. Bu durum uzun sürebilir. Bir gün, özellikle yoğun bir sarsıntıyla altüst olan bir bulutsu yeni bir evreye girer. Bulutsunun kütlesi çeşitli çarpışmalarla birlikte çökmeye başlar. Ana bulutsu bir yıldız kümesine hayat verir.

İşte 4,6 milyar yıl önce Güneş Sistemimizin doğuşunun öyküsü böyledir. Koyu ve soğuk güneş bulutsusu yavaş yavaş kendi ağırlığı altında çöker. Kendi etrafındaki dönüşünden yassılaşan bulutsu, kalın ve burgaçlı bir disk halini alır. Güneş

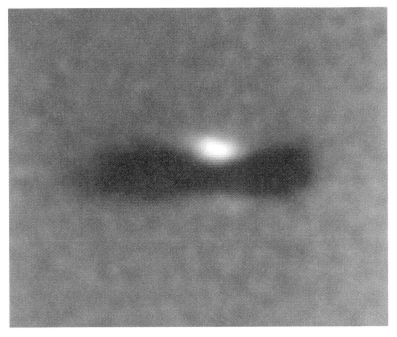

Yandan görülen bu kara disk, büyük ihtimalle merkezî bir yıldızın çevresinde oluşmakta olan bir gezegen sistemidir. Yıldız, diskin üstünde görülebilir.

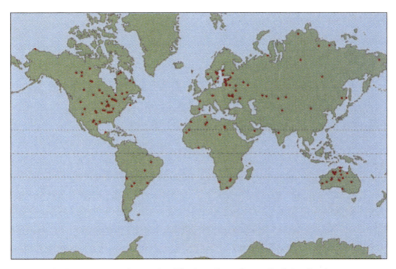

*Gezegenimizin yüzeyinde tespit edilmiş göktaşı kraterlerinin dağılımı.*

Sistemi'nin gökcisimleri burada oluşacaktır. Güneş, merkezde ortaya çıkacaktır; çevresindeyse bildiğimiz gezegenler korteji, astroidler ve göktaşları. Daha uzaktaysa, çevre yıldızlara dek uçsuz bucaksız bir buzlu kuyrukluyıldızlar topluluğu.

Galaksi bulutsuları yıldızlararası tozlardan oluşan önemli bir bileşen içerir: bizim kumumuza benzeyen küçük taneler halinde silisli, katı bir madde. Güneş diskinin dönüşüyle sürüklenen bu taneler karşılaşır, biraraya gelir ve yavaş yavaş, gitgide daha ağır yığışımlar (konglomera) oluşturur. Bütün, Satürn'ünkilere benzer bir "güneş halkası" meydana getirir. Böylelikle zaman içinde uzay her boyutta bir yığın katı cisimle dolar. Yörüngelerinin birbirine karışması, şiddetli çarpışmalara yol açar. Kaya parçaları pırıltılar içinde uçuşur. Rastlantısal karşılaşmalar ve birleşmeler sonucu bazı cisimler "kilo alırlar". Kütlesel çekim alanları sayesinde, yakınlarından geçen göktaşlarını kendilerine çevirir ve böylelikle gelişimlerini hızlandırırlar. Kısa zamanda ağır cisimler sahneye egemen olurlar: Bunlar gelecekteki gezegenlerdir. Yörünge eksenleri değişmiş birkaç ender astroidi kendinde toplayarak oluşumlarını tamamlarlar. Bu son çarpışmalar gezegeni derinden sarsar. En şiddetli olanları, dönüş eksenini eğmeyi başarır.

İşte bir önceki sorumuzun yanıtı. Gezegen eksenlerinin eğikliği son çarpışmaların rastlantısal yönlerine bağlıdır. Mart ayı sonunda Malicorne'da mor cezayir menekşelerinin açması, nisanda Tourmente Burnu'na yabankazlarının dönmesi, Apollinaire'in köylüsünün sonbahar sisindeki ağır adımları Güneş Sistemi'nin ilk zamanlarındaki göktaşı bombardımanının sonuna doğru Dünya'nın eksenini eğmiş olan müthiş çarpışmanın hatırasıdır. Bu çarpışma, işi bir Uranüs aşırılığına vardırmaksızın –ki bu bizi yılın yarısı güneş ışığından mahrum ederdi– bizi Jüpiter'in tekdüzeliğinden de kurtarır.

Artık Nil'in niçin her yıl aynı dönemde taştığını biliyoruz. Mısırlılar gibi biz de bu olayı göksel bir sebebe bağlıyoruz: bir göktaşı düşüşüne. Dünya ekseninin eğikliği, güneş ısısı akımının ilkbaharda artarak yüksek Etiyopya platolarındaki karların erimesine neden olur.

*Ay'ın Kökeni*

Uydumuzun kökeni nedir? Tuhaftır ki bu sorun 1970'lerden önce tatmin edici bir çözüme kavuşmadı. Bununla birlikte çok sayıda varsayım bulunuyordu. 19. yüzyılın sonunda büyük Charles'ın oğlu Georges Darwin, Ay'ı Dünya'nın dönüşünün merkezkaç kuvvetiyle gezegenimizden kopmuş bir parça olarak görüyordu. Pasifik Okyanusu'nun dairesel genişliği bundan kalan bir izdi. Büyük albenisine rağmen bu tez, yapılan hesaplar sonucu değerini yitirdi. Dünya hiçbir zaman sapanlık yapacak kadar hızlı dönmemişti.

*Ay yüzeyi.*

Son otuz yıl içinde Ay'ın keşfedilmesi, yeni verilere dayalı bir tartışma başlattı. Ay'dan alınan örnekler büyük bir kuraklık durumuna işaret etmektedir. Dünyamız'da bulunan çakılların aksine, Ay'daki taşlar billursu yapılarına geçmiş su molekülleri bile içermemektedirler. Ay'daki "denizler" Sahara'dan bile daha kuraktır. Ne var ki Dünya gibi Ay'ın yüzeyi de sürekli olarak buzlu kuyrukluyıldızların bombardımanına uğramıştır. Buna rağmen Ay niçin kurak kalmıştır? Ay, dünya'dan yaklaşık 80 kat daha hafiftir. Dünya'nınkinden çok daha zayıf olan yerçekimi alanı, su moleküllerini yüzeyinde tutmasına yetmez. ( Bu noktada, yakın bir tarihte Ay üzerinde, özellikle düşük sıcaklık derecelerinin buharlaşmayı önleyebildiği kutup bölgesinde buzulların keşfedildiğini belirtelim.)

Ayrıca, Ay'ın ortalama yoğunluğu Dünya'nınkine göre oldukça düşüktür. Dünya'nın derindeki katmanlarıyla değil ancak yüzeydeki katmanlarıyla karşılaştırılabilir. Herşey, gezegenimizin aksine sanki Ay merkezi bir demirli çekirdekten yoksunmuş gibi meydana gelir.

Ay'ın oluşumunu Dünya'nın oluşumundan kısa bir süre sonra gezegenimize çarpan dev bir göktaşına bağlıyoruz. Göktaşı dikey olarak değil, yeryüzünü sıyıracak şekilde gelir. Eğer bu açıyı kaçırmış olsaydı, uzaya geri dönerdi ve... bizim de Ay'ımız olmazdı! Çarpışma sonucu ortaya çıkan ısıyla büyük madde kütleleri uzaya saçılır ve on binlerce küçük çakıldan oluşan, Satürn gezegenindekilere benzer, silisli halkalar oluşturur. Yörüngedeki bu madde daha sonra biraraya gelecek ve pırıltılı Ay'ımıza hayat verecektir.

Nihayetinde oğul Darwin tamamen haksız değildi: Ay'ın maddesi kısmen Dünya kökenlidir. Ancak kopuş biçimi onun düşündüğü gibi değildir. Ay kütlesinin önemli bir bölümü, boyutu Dünya'nın kütlesinin yaklaşık onda biri (Mars gezegenine benzer biçimde) kadar olduğu sanılan bu vurucu göktaşından ileri gelmektedir.

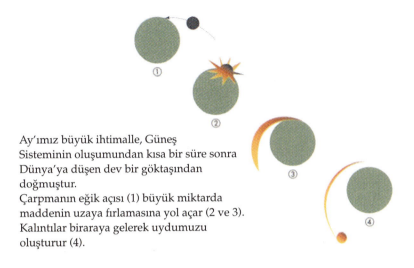

Ay'ımız büyük ihtimalle, Güneş Sisteminin oluşumundan kısa bir süre sonra Dünya'ya düşen dev bir göktaşından doğmuştur.
Çarpmanın eğik açısı (1) büyük miktarda maddenin uzaya fırlamasına yol açar (2 ve 3). Kalıntılar biraraya gelerek uydumuzu oluşturur (4).

Çarpışma anında ortaya çıkan ısı, Ay'daki kuraklığı kolaylıkla açıklar. Bu noktada Kopernik krateri etrafına saçılmış cam bilyeleri hatırlatalım. Bunlar bizim için, çarpışmalara maruz kalan yüzeylerde oluşan –ve ardından hızlı bir soğumanın geldiği– müthiş yeniden ısınmanın belirtisidir. Nihayet Ay'da suyun yokluğunu (kutup bölgeleri haricinde) açıklamaya yeten bir mekanizma bulduk. Ayrıca, Ay'ın yapısal maddesi Dünya'nın demirli çekirdeğinden çok yüzeyine benziyorsa, bunun nedeni maddenin, bu senaryoya göre bu yüzeyden geliyor olmasıdır.

Yakın tarihli çalışmalar Ay'ın Dünya'nın ekseninin sabitliği üzerindeki etkisini ortaya koydu. Ay olmadan bu eksen sallanmaya ve Dünya üzerindeki iklimleri derinden değişmeye meyilli olurdu. Ay, ortalama sıcaklıkların dağılımını sabitleyerek yeryüzündeki yaşam üzerinde gerçekten de derin bir etki yapmaktadır. Ama milyonlarca yıl ölçeğinde...

## Göktaşları ve Biyolojik Evrim

Kuyrukluyıldızların ve göktaşlarının varoluşumuzdaki rolü hakkındaki dosyamız şimdiden Dünya'nın kökeni, Ay'ın kökeni ve mevsimlerin döngüsü üzerine belgeler içeriyor. Bu bölümde son dört milyar yıl boyunca göktaşlarının biyosferle etkileşime nasıl devam ettiklerini göreceğiz. Biyolojik evrim hiçbir dış etken olmadan gerçekleşmiş değildir, aksine çok sayıda göktaşı sokulmasından büyük ölçüde etkilenmiştir.

Yeryüzündeki yaşamın görünümü sürekli değişim halindedir. Jeologların ve biyologların yoğun çabaları ilkel okyanusun mikroskobik organizmalarından günümüde yaşayan, inanılmaz sayıdaki farklı bitki ve hayvana dek yaşayan türlerin gelişimini anlatabilmemize olanak vermektedir. Yavaş bir evrimin yapısında, biyolojik görünümün şiddetle değiştiği zor zamanlar yer alır. Bundan 250 milyon yıl önce, büyük çapta bir kıyım suda yaşayan türlerin yarısının yok olmasına neden olur. Bu, trilobitlerin ve ammonitlerin sonudur. Bu varlıklar, bundan böyle ancak, taşlaşmış fosiller şeklinde, madenbilim antikacılarında bulunacaklardır. 65 milyon yıl önce yeni bir büyük çaplı kıyım olur, bu kıyımda *Jurassic Park*'a sinemada başarı getiren dinozorlar, brontosauruslar ve daha başka tarihöncesi yaratıklar yok olur. Pek çok taşılbilimci (paleontolog) bu yaratıkların yok olmasının, devamında memelilerin gelişmesiyle ilgisiz olmadığını düşünüyor. Birkaç on milyon yılda bu hayvanlar hızla evrimleşir ve çok sayıda familya oluşturur: atlar, kediler, filler, kurtlar, balinalar, maymunlar, insanımsılar vb.

### *Uzaydan Gelen Bir Katil mi?*

Bu kıyımları açıklamak adına ileri sürülmüş senaryolar çoktur: yaygın volkanizma dönemleri kıta plaklarının yeniden biraraya toplanmaları, yeniden ısınma ya da buzul çağları, tufanlar ya da kuraklık dönemleri. Ayrıca gökbilim kökenli olaylara da göndermeler yapılmıştır: örneğin Güneş Sistemi'nin komşusu bir süpernovanın patlaması.

Birkaç yıl önce, 65 milyon yıllık jeolojik tabakalarda önemli miktarda iridyum, osmiyum ve altın gibi ender bulunan metallerin keşfedilmesi yeni bir kapı açtı. Genelde göktaşlarının yapısında yerkabuğuna göre daha bol miktarda bulunan bu elementlerin varlığı dev bir taşın gelişine işaret eder görünmektedir. Taşın çarpışma sonucu dağılan maddesinin az çok aynı şekilde, gezegenimizin yüzeyine çökmüş olduğu düşünülebilir. Fizikçi Luis Alverez'e göre bu göktaşı düşüşü büyük kelerlerin yok olmasına neden olacaktır. Bu durumda

*Gezegenimizin uzay mekiğinden görünümü.*
Su ve hava Dünya'ya mavi rengini verir. Yukarıda; gri ve kurak Ay görünmektedir. Ay'ın kütlesi, kuyrukluyıldız düşüşlerinin getirdiği suyu tutmaya yetmez. Su, gökyüzünde buharlaşır.

iki soru akla gelir: Bu göktaşı, boyutlarına uygun bir krater bıraktı mı ve söz konusu kıyımdan nasıl sorumlu tutulabilir?

Güney Meksika'daki Yucatán yarımadasında bulunan Chixculub'ta, düşüş tarihi kıyım tarihine denk görünen dev bir göktaşının izleri bulunmuştur (*bkz. alttaki harita*). Jeolojik düzensizliklerin ve madde çökeltilerinin analizi bu tanımlamayı doğrulamaktadır. Yayılan ısının etkisi altında orman yangınları çıkmış ve yoğun duman bulutları tüm atmosferi karartmış olmalıydı. Güneş ışığının toprağa ulaşmasını engelleyen ve biyosferde hızlı bir soğumaya yol açan bu olay da birkaç yıllık bir "göktaşı kışı"na yol açmış olmalıydı. Daha yakın tarihli keşifler bu tezi desteklemektedir. Söz konusu jeolojik tabakada kurum parçacıkları ve şiddetli sarsıntılarla yüksek sıcaklıklardan kaynaklanan yapılar bulunmuştur.

*Meksika'da, Yucatàn bölgesindeki bir göktaşı kraterinin kalıntıları.*
65 milyon yıl önce gerçekleşmiş olan bu çarpma, büyük olasılıkla dinozorların yok oluşundan sorumludur.

Ne var ki bu senaryo oybirliği sağlamış değildir. Bir sorun vardır. Sözkonusu kaçınılmaz dönemde, dinozorlar bir günden öbürüne yok olmuşa benzememektedir. Sayılarının tükenmesi binlerce hatta yüzbinlerce yıla yayılacaktı. Bir göktaşı kışı böylesine uzun bir can çekişmeyi açıklayabilir miydi? Aynı senaryonun bir başka versiyonu, yerde bulunan büyük miktarda karbonatın çarpışma sonucu buharlaşmasından ve dolayısıyla devasa karbonik gaz tabakalarının havaya karışmasından söz açar. Bugün karşı karşıya olduğumuz tehlikeye benzer bir sera etkisi, gezegen yüzeyinde önemli bir yeniden ısınmaya sebep olacaktır. Gök kışının aksine, bu olayın yok edici etkisi çok uzun bir döneme yayılabilecektir. Ancak bu açıklama paleontologların beklentilerini karşılayacak ve kelerlerin ağır tükenişlerini tam olarak açıklayacak mıdır? İhtiyatlı olmakta fayda var...

Özetle, aynı dönemde birçok önemli olay meydana gelmiştir: dinozorların yok olması, Yucatán'a bir göktaşının düşmesi, nadir metaller ve özel madenî yapılar bakımından zengin jeolojik katmanın ortaya çıkması. Her ne kadar bu olayları doğru biçimde birbirine bağlamayı bilmiyor olsak da, aralarında hiçbir ilişki bulunmadığına inanmak zor.

250 milyon yıl öncesinin kıyımı da göktaşı kökenli midir? Fransa'daki Rochechouart ve Quebec'teki Manicouagan kraterlerinin de arasında olduğu beş krater, bu dönemden kalmadır. Shoemaker-Levy kuyrukluyıldızı vakasında olduğu gibi, bu kraterler de kalıntıları kıyıma sebep olacak bir göktaşının ön kırılma geçirmesinden kaynaklanıyor olabilirler. Göktaşı çarpışmalarının sıklığı üzerine yapılmış bir istatistik çalışması bu varsayımı akla yatkın kılmaktadır. Yüz milyon yıl için, boyutları on kilometrenin üstündeki göktaşı düşüşlerinin (Chixculub'a düşen göktaşı da büyük olasılıkla bu gruba dahildir) arasındaki ortalama süre hesaplanır. Yerkürede yaşamın ortaya çıkışından beri[13] Dünya, 10'un bir-

kaç katı kadar düşüşe maruz kalmıştır. Bu istatistik iki açıdan öğreticidir: Bir yandan, Chixculub olayının açıkladığı gibi, biyolojik evrimde göktaşlarının rolünü akla yatkın kılarken, öte yandan canlıların olağanüstü direncini ortaya koyar; canlılar bunca gök saldırısına karşın yaşamaya devam etmişlerdir...

*Magma Burgaçları*
Yerkabuğunda uzun bir çatlak (fay), Mısır'dan Tanzanya'ya dek Afrika Kıtası'nı kateder. Birkaç milyon yıl önce, kırığın doğusunda toprak ağır ağır kabarır. Orman kuraklaşır ve savana* dönüşür (ilk insanımsıların izleri burada bulunmuştur). Ekvator ormanlarının değişim geçirmediği, kırığın batı kesiminde yaşayan maymun topluluklarında[14] hiçbir benzer evrime rastlanmayacaktır. Jeolojik kökenli bu kuraklaşma, soyumuzun ortaya çıkışında belirleyici bir rol oynayacak mıydı? Birçok antropolog bu varsayımı ciddi olarak değerlendirmektedirler.

Ne olmuştu? Savanda fakir seyrekleşmiş bitki örtüsü, leş yiyenlere karşı çok az koruma sağlar. Korunak bulmak için koşmayı öğrenmek zorunda kalan maymunsular, ellerini serbest bırakan dikey pozisyonu benimsemeye itileceklerdi. Beden duruşlarındaki bu değişim insanımsılıktan insan olma evresine geçişi başlatırken, kırığın öte yanında, tropikal ormanda, maymunsuların yaşamı sıkıntıdan uzak sürüyordu.

Radyoaktif uranyum ve toryum parçalanmalarıyla ortaya çıkan Dünya'nın iç ısısının yol açtığı yer hareketliliği de, taş düşüşleri gibi, biyolojik evrimi çeşitli yollardan etkileyecekti. Kabuğun kabarması büyük olasılıkla çok sayıdaki örnekten yalnızca biridir.

---

* savan: ağaçlı bozkır (ç.n.)

*Göktaşları ve Metafizik*

Bu kitapta karmaşıklığın evrimi olayı karşısında üç tepki benimsediğimizi hatırlatalım. Hayret etme ve bilimsel sorgulamadan sonra metafizik sorgulama gelir. Bu bölümde bu konuya kısaca geri dönüyoruz.

Dönüş eksenlerinin eğikliğini ve uydumuzun kökenini göktaşı çarpmalarına mal ettik. Gökyüzünden gelen bu taşla-

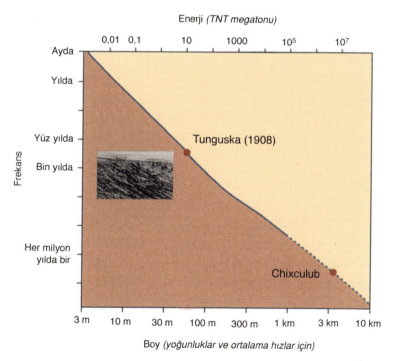

*Göktaşı çarpmaları.*
Boyutlarına ve TNT megatonu karşılığı güçlerine göre Dünya'ya çarpma sıklıkları. Bir TNT megatonu, Hiroşima'ya atılan atom bombasının yüz katına eşittir. Şemada, 1908'de Sibirya'da gerçekleşen Tunguska çarpması (on kilometreler boyunca, ormanlar yerle bir olmuştur) ve 65 milyon yıl önce Meksika'da gerçekleşen Chixculub çarpması belirtilmiştir.

rın çarpması, bize dolunay gecelerinin beyazlığını, iklimlerin değişmezliğini ve baharda açan çiçeklerin büyüleyici sırasını bahşetmiştir.

İçiçe geçmiş ilkel yörüngelerde, göktaşlarının yönleri rastgele dağılmıştır. Çarpmalar rastlantısaldır. Hiçbir "gereklilik", Dünya'ya yörüngesiyle 23 derecelik bir açı oluşturacak bir dönüş ekseni kurması ve bunu koruması yönünde bir alınyazısı biçmiyordu. *Önsel* bütün açılar mümkündü. Yer eksenleri Jupiter'inkilerin eğikliğinde olsaydı, dünyanın tüm yıl boyunca aynı sıcaklıkta kalmasını sağlardı. Mevsimlerin görünümü çok büyük ölçüde değişirdi. Bunun tam zıddı olan bir Uranüs durumu –dik açı yapan iki eksen– ise mevsimlerin sertliğini aşırı belirgin hale getirirdi.

Rastlantısal –yani önceden belirlenmemiş– olaylar meydana geldi, bu olaylar geleceği etkiler. Başka birçok olayın da içinde yeraldığı bir doku örerler. Göktaşlarının çarpması, birkaç milyar yıl sonra göçmen kuşların hareketlerini başlatır. Her sonbahar, düzenli büyük sürüler halinde solmuş tarlaların üzerinden uçar ve ağaçlı tepelerin ardında kaybolurken Malicorne göğü bize bunu hatırlatır.

Ayrıca, doğrulanması gerekiyorsa, katil göktaşları tezi göktaşlarının yerkürede yaşamın evrimini derinden etkilediğini ve yeryüzünü memelilerin ve insanların ortaya çıkması için hazırladığını kanıtlayacaktır. Bununla birlikte ufacık birşey –hafif bir yörünge sapması– 65 milyon yıl önceki göktaşının gezegenimizle hiç karşılaşmamasına yeterdi. Sonuç: Belki hâlâ, dinozorlar tarafından bol bol öldürülen, gece yaşayan küçük memeliler olurduk... Ve eğer yer magmasının burgaç hareketleri Doğu Afrika kıtasında kabarmaya neden olmasaydı, insanımsılar belki de hiç ortaya çıkmazdı...

Bu saptamalar düşündürücüdür. Varoluşumuzun olumsallığı bize güçlü ışığı altında kendini gösteriyor. Bundan tamamen bir rastlantının ürünü olduğumuz sonucunu mu çıkarmalıyız? Ya da varoluşumuzun anlamı hakkındaki metafizik sorgulayışlarımızın boş ve amaçsız olduğunu mu? Bu konuya son bölümde döneceğiz.

## Yıldız ve Galaksi Kalıntıları

Güney göğünde, Samanyolu yakınlarında beyazımtırak iki ışık aysız güzel gecelerde zayıfça pırıldar. Bunlar, galaksimizin çevresindeki yörüngede bulunan uydu galaksiler (Dünya ve çevresindeki Ay gibi) olan Büyük ve Küçük Macellan Bulutları'dır. Bir sonraki Güney yarımküre yolculuğunuzda bu etkileyici manzarayı kaçırmayın.

Şubat 1987'de burada yeni bir yıldız ortaya çıktı. Büyük Bulut mesafesinden –yaklaşık yüz altmış milyon ışık yılı– çıplak gözle görülebilir nitelikteydi ve öz ışığı Güneş'imizi otuz milyon katına eşitti. Hiçbir yıldız ölümünü gösteren müthiş patlama anı dışında bu parlaklığa ulaşamaz.

Bu olay çağdaş gökbilimi derinden etkiledi. O dönemden beri, tüm ışık dalgaboylarında patlama kalıntılarının evrimi gözlemleniyor. Galaksi maddesinin yeni atomlarla zenginleşmesini sağlayan olayların doğasını artık çok daha iyi tanıyoruz.

Patlamanın şiddetiyle saçılan ipliksi ışıkların içinde, yıldızın tüm hayatı boyunca ve nihaî kıyamette üretilmiş olan atomlardan çok çeşitli moleküller oluşur. Oksijen hidrojenle birleşerek su moleküllerini oluşturur. Ayrıca silisyum, magnezyum ve demir, oksijen ve karbonla birleşerek toz taneleri meydana getirirler. Bu mikroskobik taneler üzerine su molekülleri ve başka moleküller çökerler. Bu taneler ve buzlar gezegenlerarası tozu ve belki de daha sonra, doğan yıldızları çevreleyen gezegen maddesini oluşturacaktır. Kuyrukluyıl-

Bu galaksinin mavi halkası, çok sayıda mavi dev yıldızdan oluşur. Bu yıldızlar, galaksinin bir komşusuyla çarpışması sonucu doğmuştur.

dızlar, göktaşları ve son olarak da gezegenler ve okyanuslar bundan doğacaktır.

Evrenimizin büyük yapılarının ortaya çıkışına yol açan olaylar hâlâ tam olarak bilinmemektedir. Yakın tarihli iki keşif, bu yapıların evrimin umulmadık yanlarını ortaya koydu: galaksi patlamalarının ve kara deliklerin rolü.

Yıldızlar, onları ayıran mesafelere oranla küçük kalırlar. Işını yaklaşık üç ışık saniyesi olan Güneşimiz, en yakın komşusuna dört ışık yılından daha uzaktır... Yıldızlar arasındaki çarpışma riski düşük olsa da bu, galaksiler için böyle değildir; galaksiler arasındaki ortalama mesafe çaplarından ancak on kat fazladır. Bu risk bugün de yüksek olmakla birlikte, galaksilerin daha yakın olduğu[15] uzak geçmişte daha yüksekti.

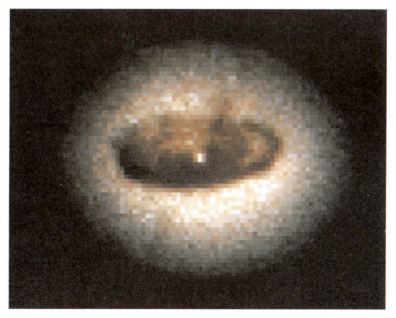

Bir galaksinin merkezindeki bir kara delik, çevresinde bulunan bulutsuları içine çeker ve yutar.

Galaksilerin çarpışmasını betimlemek için kullanılması gereken çağrışım, iki bilardo topunun karşılaşmasından çok iki bulutun karşılaşmasıdır. Yapıların ağır ağır birbirinin içine girmesi, şiddetli çarpışmalara neden olmuyorsa da son derece göz alıcı sonuçlara yol açar. Uzay teleskobu Hubble sayesinde bu olayın muhteşem görüntüleri şu anda elimizde bulunuyor. Bundan birkaç milyon yıl önce şiddetli bir çarpışmayla sarsılan "Araba Tekeri" adlı galaksiden özel olarak söz edelim. Burada, geleneksel sarmal kolların yerinin mavi yıldızlardan büyük bir çember alır. Bu olay, bir karşılaştırma yoluyla anlaşılabilir. Bir çakıl taşı, açık bir su yüzeyine çarptığında çarpma noktasından başlayan "su halkaları" etrafa yayılır. Aynı şekilde, galaksi çarpışmalarından doğan güçlü düzen bozulması da galaksi çekirdeğinin etrafındaki yuvarlak bölgede dev mavi yıldızların –büyük oksijen üreticilerinin– oluşumunu şaşılacak derecede hızlandırır. Yani Samanyolumuzun uzak geçmişinde olmuş olan benzer çarpışmalar da böylece suyun kökeni arayışımızda büyük ölçüde yerini bulmuş oluyor.

Kuvazarlar, galaksimizin bin katı kadar ışık saçan gökcisimleridir. Ne var ki gözlemlenebilir bir çapa sahip değildirler. Bu ışık, boyutları Güneş Sistemimizi ancak aşan küçük bir bölgeden çıkar. Bugün, bu gökcisimlerinin "aktif çekirdekli" denilen galaksilerin merkezinde bulunduğunu biliyoruz. Bu denli sınırlı bir hacimden çıkan böyle bir enerji akımının kökeni ne olabilir?

Yakın tarihli gözlemler, bu galaksilerin her birinin merkezinde[16] Güneş'in kütlesinin birkaç on milyon katı bir kara deliğin varlığını ciddi olarak düşündürüyor. Kara deliğin karanlık varlığını gözlerimizin önüne seren, deliğin içine çekip yuttuğu bulutsu ve yıldız maddesinin hareketidir; bu madde sonsuza dek yok olmadan önce şiddetli biçimde ısınır ve ışır.

Büyük olasılıkla her galaksi, merkezinde bir kara delik barındırır. Büyük olasılıkla Evren'in ilk zamanlarında galaksi bulutsusunun yok olmasından kaynaklanan kara delik, yakınındaki galaksi maddesini içine çekerek ve aydınlatarak varlığını ortaya koyar ve çevresinde boşluk yarattığında genişler. Daha sonra galaksi çarpışmaları önüne taze madde atarak bu uyuyan devi[17] bir süre için uyandırabilir.

Şu halde, bu senaryoya göre, her galaksi bir kez doğuşundan sonra da çarpışmalar oldukça "kuvazar" dönemleri yaşayacaktır. Bir kara delik, sessiz de olsa, kütlesel çekim alanının çevre yıldızların yörüngesi üzerindeki etkisi yoluyla varlığını ortaya koyabilir. Yakın komşumuz Andromeda galaksisinin bir kara deliği vardır. Ya Samanyolumuz? Elimizde henüz kesin bir yanıt yok.

Bu bölümün bütününü özetleyelim. Göçmen kuşların geçişinden esinlendiğimiz geçmiş zaman yolculuğumuzdan, karmaşıklığın hazırlanışını aydınlatacak pek çok önemli öğe elde ettik. Öğrendik ki; Dünya üzerinde su bulunmasının anlamı geniş bir kozmik olaylar bütünüdür: şaşılacak güzellikte göktaşı ve kuyrukluyıldız düşüşleri, Evren'in sınırlarındaki görülebilir yıldız patlamaları, galaksi çarpışmaları, aç kalmış kara deliklerin oluşumu. Burada gök ve yer arasındaki diyalog inanılmaz boyutlara varıyor.

## Chartres Katedrali

Chartres Katedrali'nin taş oymalarının eşsiz inceliğini ya da güzel bir sonbahar öğleden sonrası boyunca güneşin aydınlattığı vitrayların sıcak renklerini hayranlıkla seyrederken, yedi yüz yılı aşkın bir zaman önce anıt şantiyesinin kuruluşunu hayal edebiliriz.

Ön taraçalama çalışmalarını, dev yapı iskelelerini, vinçlerin ve palangaların yerleştirilişini kolaylıkla gözümüzde canlandırırız. Taş blokların getirildiği zahmetli taşıma aşamasını, bu taşlardan çıkan zarif yapıyı ve zanaatkârların çekiciyle şekillenecek görkemli havari figürlerini kafamızda kurarız. Nantes treni Beauceron Ovası'ndan geçerken gözlerimizin önüne serilen bu saf gotik şaheser, söz konusu ağır mekanizmaların ön çalışması olmadan var olamazdı...

Gezegen yüzeylerinin oluşumu yerkürede yaşamın ortaya çıkışının temel aşamalarından biridir. Yıldızlararası uzay atomlarla doludur ancak iyonlaştırıcı ışınların kısırlaştırıcı etkisi tüm molekül yaratma çabalarını etkisiz hale getirir. Yaşam, inanıyoruz ki, boşlukta ortaya çıkamayacaktı. Öncelikle, rahat gezegemizin konuksever koşullarını hazırlamak gerekiyordu. Soğuk ve kişisiz şiddetleriyle gökcismi patlamaları ve çarpışmaları, eski tarihimize aittir. Bu şantiyeler, dünyaya gelişimizin lojistiğinde yer alır.

# 3
# KURALLAR KOYMAK

Kozmik karmaşıklığın gelişimi karşısında duyduğumuz hayranlığı koruyarak, şimdi de bilimsel sorgulamayı ele alacağız. Çağdaş bilim bize bu oluşumun öğeleri ve hazırlanışını sağlayan tohumlar hakkında ne söyleyebilir? Bu bölümde gök ve yaşam arasındaki diyalogun bazı kişileriyle tanışacağız. Başta doğanın dört kuvveti gelir. Her biri kendi özel alanında işbaşı yapan bu kuvvetlerin beraber çalışması, karmaşık varlıklara[18] özgü belirgin özelliklerin ortaya çıkmasını sağlar. Bu kuvvetler, kendi kanunlarını ve kendi enerjilerini benimsetirler. Bu enerjilerin niceliğini ve niteliğini özenle ayıracağız. Birincisi değişmez; ikincisi ise sürekli olarak değerinden kaybeder.

Karmaşıklığın yükselmesi, kesinlikle kuvvetlerin ve enerjilerin oyununun garanti ettiği bir sonuç değildir. Esas olarak, fiziksel olayların gerçekleştiği makroskobik düzleme bağlıdır. Astronomik dünya sürekli olarak atomik dünyayı etkilerken, atomik dünya da sırası geldiğinde astronomik dünyayı etkiler. Uzay, parçacıkların ve kuvvetlerin birleşerek karmaşıklığı doğurmasını sağlamakla yetinmez; bu parçacıkların ve kuvvetlerin kendi aralarında etkin olan niteliklerini de etkiler. Bu bölümün son kısmı, bize bu kuvvet ve parçacıkların kökenini anlatacak. En azından, fiziğin bugün bize bu konuda söyleyebildiklerini.

# Kuvvetler

*Yaratıcı Buluşmalar*

Birkaç yıldan beri Malicorne'da eski bir tahıl ambarına bir çift Türk kumrusu yuva yapıyor. Boyunlarında çengel biçimli kara bir leke olan bu gri kuşlar, nadir olarak birbirlerinden ayrılırlar. Yüksek bir dal üzerine tüner, birlikte dem çekerler. Sonra genizden gelen bir ses çıkararak bir çatıya doğru uçarlar.

Kuşların bu düeti, hikâyemizin anahtar kavramlarından birini açıklar: "yaratıcı buluşmayı". Üreme içgüdüsüyle karşılıklı çekime kapılan bu iki kuş, bir gün tanıştılar. Her yeni yıl, sıraları geldiğinde eşlerini arayacak olan yavru kuşlar getirir. İki varlık, bir kuvvetin etkisi altında kalarak birleşirler. Sonuç, başka buluşmaların kapısını açar. "Yeni gelen" içinde başka yeni gelenlerin tohumunu taşır.

*Pegasus Takımyıldızı'nda bir galaksi.*
Evrenimiz'in büyük ölçekteki yapılarının sorumlusu kütlesel çekim gücüdür.

Bir elektron ve bir proton, elektromanyetik kuvvetin çekimine kapılarak birleşir ve bir hidrojen atomu oluştururlar. Daha sonra, yine bu aynı kuvvetin etkisi altında kalan hidrojen atomu da bir başka hidrojen ve bir oksijenle karşılaşır ve bunlarla birleşerek su molekülünü oluşturur.

Kırmızı dev yıldızların yakıcı merkezinde, helyum çekirdekleri nükleer kuvvetin etkisi altında kalarak birleşirler. Ardısıra karbon (üç helyum) ve oksijen (dört helyum) çekirdekleri meydana getirirler. Yıldızın ölümüyle uzaya fırlatılan bu çekirdekler, gezegen kortejlerindeki atomların ve moleküllerin doğmasına yol açacaktır.

Kütlesel çekim, çok büyük yıldızlararası gaz kütlelerinin kendi üstlerine çökmesine ve yeni yıldızların oluşmasına yol açar. Atom çekirdeklerinin oluşumundan sorumlu nükleer reaktörler bu yıldızlarda barınacaktır.

Bu yaratıcı buluşmalar, karmaşıklığın tüm maddî yapılanma aşamalarına erişebilmesinin birleştirici öğeleridir. Onlar olmadan Evren asla başlangıçtaki kaos durumundan çıkamazdı.

### *Kuvvetlerin Dökümü*

Madde, bize son derece farklı biçimlerde görünür. Çok sayıda davranış yoluyla kendini gösterir. Modern fizik, bu olayları dört kuvvetin evrenin parçacıkları üzerindeki etkinliğiyle (ya da etkileşimiyle) açıklar: kütlesel çekim kuvveti, elektromanyetik kuvvet, nükleer kuvvet ve zayıf nükleer kuvvet.

Kütlesel çekim, büyük yapılardan sorumludur: galaksilerden, yıldızlardan ve gezegenlerden. Elektromanyetik kuvvet, ortada yer alan bir alanda çalışır; atom yörüngesindeki elektronları çekirdekler etrafında tutar ve atomları birleştirerek molekülleri oluşturur. Nükleer kuvvet, kuvarkları birleştirerek protonların ve nötronların, bu sonuncuları birleştirerek de çekirdeklerin oluşmasını sağlar. Zayıf kuvvet hiçbir şeyi birleştirmez; aşırı zayıftır[19]... Ancak yine de, birazdan bahsedeceğimiz önemli roller oynar. Bu döküm eksiksiz midir? Yoksa başka kuvvetler de var mıdır? Bu, havada kalan bir soru.

İleriki sayfalarda, bu kuvvetlerin insanlar tarafından keşfedilişini anlatacağım. Bu bilgiler, kuvvetlerin yaşayan organizmalar tarafından kullanılışını anlamamızı sağlar. Bu kuvvetlerin her birinin, kozmik karmaşıklığın oluşumundaki rolünü anlatacağım.

*Kütlesel Çekim Kuvveti*

Jean de La Fontaine kendi isteğiyle hayvanlara şaşırtıcı davranışlar veriyordu. Kargayı, "güzel sesini göstermek" için büyük gagasını açmaya davet eden tilki; cisimlerin düşüşünü az çok anlamışa benzer... Fakat La Fontaine bu kuvveti gerçekten kullandıklarından kuşkulanıyor olabilir miydi?

Kıyıda bir istiridye yakalayan bir martı, onu önce yükseğe taşır; sonra kayalıkların üzerine düşürür. Çarpmayla istiridye kırılır ve martı yemeğinin yanına iner.

Uçan bir martı, gagasında taze yakalanmış bir balık taşır. Bir *labbe**, martının üzerine saldırır. Korkan martı avını ağzından bırakır. *Labbe*, yerçekimiyle artan hız karşısında tam bir ustalıkla yörüngesinin belirli bir noktasında balığı yakalar.

Kütlesel çekim, insan gözünün en çabuk algıladığı kuvvettir. XVII. yüzyılda, Newton sayesinde tüm cisimlerin kütlelerine ve mesafelerine göre birbirini çektiğini öğreniriz. Ne var ki çağdaş fizik alanında bu kuvvet temelde kuvvetlerin en gizemlisi olma özelliğini koruyor.

*Kütlesel Çekim ve Kozmik Evrim*

Kütlesel çekim kuvvetinin etkinliği, evrenin ve karmaşıklığın evriminin önemli bir göstergesidir. Bu evrimde birçok rol oynar.

---

* *Labbe* (fr.): Kutup bölgelerinden ılıman bölgelere göç eden (yağmurkuşugillerden) iri bir denizkuşu.

İlk zamanların evreni, özerk yapıların oluşumuna tamamen elverişsiz, tekbiçimli (uniform) bir magma şeklinde belirir. Kütlesel çekim, homojen kaos maddesini parçalayarak ilk özel parçaları çıkarımlar: yani galaksi kümelerini, galaksileri ve ardından da yıldızları ve gezegenleri. Kozmik yapılar belirli bir yer kaplar; ki bu da karmaşık varlıkların en temel niteliğidir. Kozmik yapılar, onları dış dünyadan ayıran sınırlara sahiptir.

Evrenin başlangıçtaki yoksulluğu içinde, azalan sıcaklık her yerde aynıdır. Evren eş sıcaklıdır. Bugün artık durum böyle değildir: Uzayın sıcaklığı (mikrodalga fon ışıması) yavaş yavaş sıfıra yakalaşırken bazı yıldızlarda sıcaklık milyarlık derecelere ulaşır. Bu sıcaklık farkları (Güneş Dünya'dan daha sıcaktır) karmaşıklığın ortaya çıkması için zorunludur. Onları da yine kütlesel çekime borçluyuz[20].

Daha büyük ölçekte, kütlesel çekim evrendeki soğumanın hızını kontrol eder. Kozmik çeşitliliğin ortaya çıkışı ve yaşamın yapı taşlarının oluşumu bu soğuma oranının kesin değerine bağlıdır *(sayfa 123)*.

Kütlesel çekimin aynı zamanda, atmosferin ve okyanusların kökenindeki kuyrukluyıldız ve göktaşı düşüşlerinden de sorumlu olduğunu hatırlatalım.

*Elektromanyetik Kuvvet*
MÖ. V. yüzyılda yaşamış Yunan filozof Miletli Tales'e göre küçük cisimler yüne sürtülen bir amber sapı aracılığıyla çekilebilir. Eski Yunanca'da "amber", "elektron" demektir. Bu olayı açıklamak için kullanılan "elektrik kuvveti" terimi buradan gelir.

Eski Yunanlılar, Anadolu'daki (Türkiye) Manisa bölgesinden gelen bir tür siyah taşın ilginç çekme özelliğini (mıknatıslanma) biliyordu. Aristo, Manisa taşına yaklaştırılan demir çubuğun kendisinin de mıknatıslandığını gözlemleyecekti. Demir çubuk "manyetize" oluyordu...

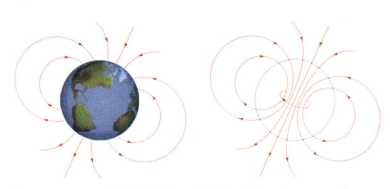

Gezegenin içerisindeki elektrik akımı halkaları, Dünya'nın manyetik alanını oluşturur. Ekvator bölgelerinde yatay olan manyetik alan, manyetik kutuplara yaklaştıkça gitgide dikeyleşir.

Pusulayı Çinliler'in icat ettiği söylenir. İpin ucuna asılı bir mıknatıs kendiliğinden kuzey-güney doğrultusuna yönelir. Bu özelliğin yön bulmada kullanılması kuşkusuz XIII. yüzyıldan daha öncedir. Kristof Kolomb 1492'de Atlantik'i geçerken mıknatısların tam olarak coğrafî kutba değil de daha çok "manyetik bir kuzey kutbuna" yöneldiğini saptar. Bu manyetik kutup, coğrafî kutbun yaklaşık 1600 km güneyindeki Kraliçe Elizabeth Adaları üzerinde bulunur. Birkaç yıl sonra mıknatıslı pusula iğnesinin yalnızca yatay düzlemde değil aynı zamanda yukarıdan aşağıya da yöneldiği keşfedilir. İğne, ekvatorda yatayken kutupların çevresinde aşağı yukarı dikey hale gelir. Bu eğim, yerin "manyetik enlemini" belirler. Bu bilgiler, manyetik yeryüzü haritalarında belirtilir.

Dünya'nın manyetik alanı, kürenin iç tabakalarında bulunan yüklü parçacıkların hareketinden doğar. Zaman içinde değişir. Düzensiz olarak yön değiştirir. Yani manyetik kuzey kutbu güney kutbu olur ya da tersi. Bölgesel değişimler bazen çok hızlı gerçekleşirler. Gine Körfezi'ndeki manyetik "anormallik" otuz yılda birkaç kilometre kaymıştır. Peki göçmen kuşlar nasıl yollarını buluyor?

Elektrikle ilgili olayların sistematik olarak incelenmesi çalışmaları, XVII. yüzyıldan önce[21] başlamaz. Daha çok, büyük kıvılcımlar çıkarmasına ilgi duyulur. Volta ilk elektrik pilini ürettiğinde, kimse elektrikle manyetizmayı bağlayan derin bağı sezmez.

## Serendiplilik

Bir Pers efsanesi, işi gücü karşılaştıkları tesadüflerden kurnazca faydalanmak olan üç Serendipli prensi anlatır. İngilizce'de bu davranışa *serendipity\** denir. Bunu "serendiplilik" olarak çevirebiliriz.

Hans Christian Oersted, 1820 nisanında verdiği bir fizik konferansında elektrik bobinleriyle pusula iğnelerini aynı masaya koyar. Pusulalardan birini tesadüfen bir elektrik teline yaklaştırdığında, pusula iğnesinin döndüğünü hayretle fark eder. Elektrik akımı mıknatıslanmaya yol açar! Birkaç yıl sonra Michael Faraday, bir telin çevresinde bir mıknatıs sallayarak teldeki elektrik akımını indükler. Değişken bir mıknatıslanma elektrik akımını indükler! Elektrik ve manyetizma iki ayrı fenomen değildir; daha çok, "elektromanyetik" denilen tek bir kuvvetin farklı tezahürleridir.

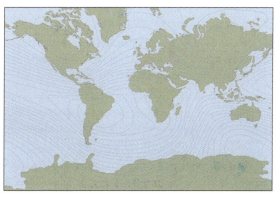

Manyetik alanın yoğunluğu, Dünya yüzeyinde tek biçimli değildir. Yukarıdaki harita, yoğunluk varyasyonlarını gösterir.

\* Rastlantı sonucu hoş keşifler yapma yeteneği (ç.n.)

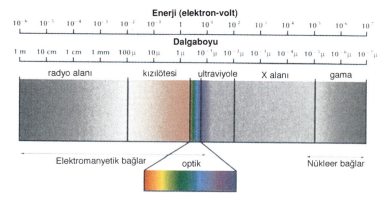

İnsan gözü, elektromanyetik dalgalar bütününün yalnızca küçük bir bölümünü algılar: Optik alan söz konusudur. Kediler ve yılanlar kızılötesini algılar. Bazı kuşlar da (gök baştankaralar) ultraviyoleyi algılar.

Beklenmedik yeni bir keşif yapılır: Elektrik kıvılcımları, uzak mesafeden algılanabilen etkiler doğurur. Böylelikle ilk telsiz telgraflar ortaya çıkar. James Clerk Maxwell'in elektrik kuramına göre, elektrik yüklerinin hareketi uzayda 300.000 km/sn hızla (tam tamına ışık hızı) yayılan "elektromanyetik dalgalara" yol açar. Işınlar elektromanyetik dalgalardır!

Görülebilir ışığın dalgaboyu yaklaşık yarım mikrondur; yani bir sabun baloncuğu kalınlığındadır. Bu, gözümüzün duyarlı olduğu –kırmızıdan mora gökkuşağı renklerindeki– ışıktır. Ne var ki bu, elektromanyetik dalgalar bütününün yalnızca bir kesimini temsil eder. Kuramda varlıklarından bahsedilen diğer ışıklar sonraki yıllarda keşfedilir. Azalan dalgaboylarına göre sırayla radyo dalgaları, milimetrik dalgalar, kızılötesi ışınlar, ultraviyole ışınlar, X ve gama ışınları elde edilir. Bu elektromanyetik dalgaların özellikleri kısa zamanda çok sayıda tekniğin gelişmesine yol açar: radyo, radar, tıbbî radyoloji gibi. Bu ışıkların Evren'in doğumundan beri var olduğunu belirtelim. Ancak "keşfedilebilmeleri" için öncelikle elektrikle manyetizma arasındaki bağın ve ışığın doğasının açığa kavuşturulması gerekmiştir.

Bir başka serendiplilik örneği: 1669'da kimyacı Erasmus Bartholin, bir el yazmasının üstüne bir kireç karbonatı kristali koyar. Şeffaf mineral, hafifçe yerinden oynamış iki ayrı metin görüntüsü ortaya koyar. Açıklama kuvantum fiziğinden gelecektir. Sağ ve sol kutuplanma olarak adlandırılan iki tür ışık fotonu vardır. Kristal, bunları ayırarak iki ayrı görüntü meydana getirir. Işık, bazı yönlerde yalnızca tek bir tür foton içerir. Buna "ışık demetinin kutuplanması" denir. Gözümüz,

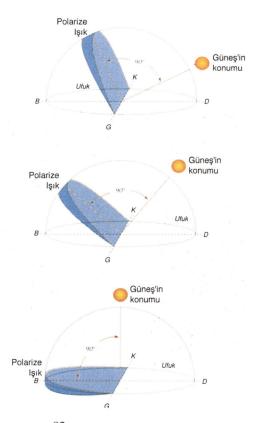

Gökkubbe tarafından yansıtılan ışık (gökyüzünün maviliği) Güneş'in yönüyle dik açı yapan bir planda polarize olur. Bu polarizasyon, bir polarimetre aracılığıyla tespit edilir. Gözümüz bu olaya duyarsızdır fakat bazı kuşlar bunu algılar.

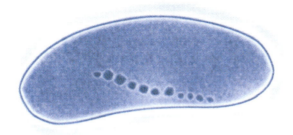

Birtakım bakteriler, iç pusulaya sahiptir. Bu pusula, küçük mıknatıslanmış demir kristallerinden bir zincirdir.

farkı göremez. Bu durum, Dünya'nın atmosferi tarafından kırılıp yansıyan güneş ışığı için geçerlidir ve "Polaroid" tipi güneş gözlükleri aracılığıyla gözlemlenebilir. Güneş'in konumuna göre, gökkubbenin bir kısmı karanlık kalır.

Mikrop üremesine elverişli bir sıvı, manyetik bir alana sokulduğunda birtakım bakteriler alan yönünde yer değişti-

*Gök baştankara.*
Erkeğin kafa tüyleri bizim gözümüze gözükmeyen ama dişisinin kusursuz olarak algıladığı bir ultraviyole ışın yayar.

rir; bu bakteriler gerçekten de mıknatıslı, ufak manyetit parçaları içerirler *(sol üst resme bkz.)*. Bizim yarımküremizde, kuzey manyetik alanının yönü bakterileri besinin topladığı aşağı kısma yöneltir. Elimdeki metin, bakterilerin güney yarımkürede, kabın altına ulaşmak için manyetik alanın ters yönüne, yani güneye yönelip yönelmediğini belirtmiyor... Çok sayıda göçmen de –kaplumbağalar, orkinoslar, somonlar, güvercinler– Dünya'nın manyetik alanı aracılığıyla[22] yön bulur.

Elektrikle ilgili olaylar birçok balığın davranışını etkiler. Yılanbalığına oldukça benzeyen elektrikli yılanbalığı; kurbanlarını felç eden, 500 voltun üzerinde elektrik yükü boşaltır. Harharyasgiller\*, onlara çok uzak mesafeden tütünbalıklarının varlığını haber veren elektrik alanlarını tespit ederler.

Yılanlar sıçanın sıcak vücudundan yayılan kızılötesi ışınları fark ederler. Dişi gök baştankaralar, erkeklerini kafalarından yayılan ultraviyole ışınlardan tanırlar.

## *Elektromanyetik Kuvvet ve Kozmik Evrim*

Elektromanyetik kuvvet karbon, oksijen, azot ve hidrojen atomlarını birleştirerek proteinlerin akıl almaz kimyasal yapılarını oluşturur. Moleküllerarası ince değiş-tokuş oyunları, fizyolojik işlemlerin her aşamasında devreye girer. Varoluşumuz ve yaşam süremiz buna sıkı sıkıya bağlıdır.

Güneş, 4.5 milyar yıldan beri Dünya'yı sarı ışınlara boğuyor. Yapraklar tarafından emilen fotonlar, fotosenteze ve şeker üretimine yol açıyor. Güneş sönerse, yaşam gezegenimizden silinir[23].

Elektromanyetik kuvvet, yıldızlar ve galaksiler düzeyinde de etkilidir. Gökcisimleri, foton yaymadıkları takdirde yeniden ısınamaz ve atom üreten nükleer reaktörlere yol açamaz. Evrenin büyük yapıları tarafından yayılan ışık, gökcisimlerinin kütlesel çekim tepkisine ivme verir.

\* Bir tür köpekbalığı (ç.n.)

*Nükleer Kuvvet*

Nükleer kuvvetin varlığı hakkındaki ilk bulgular, geçen yüzyılın sonunda elde edildi. Henri Becquerel fotografik plaklar aracılığıyla, güneşe tuttuğu birtakım fosforesan maddelerin özelliklerini inceler. Ancak şanssızlık eseri 27 Şubat-1 Mart 1896 arası Paris'te hava kapalıdır. Uranil tuzları saklandıkları çekmecede kalır. Becquerel bu tuzların, üzerinde bulundukları fotografik levhayı karanlıkta bile etkilediğini hayretle görür. Atomların kimyasal doğasını değiştirebilen yeni bir kuvvet keşfetmiştir (serendiplilik!). Simyacıların eski düşünü gerçekleştirmiştir!

Sonraki yıllarda insanoğlu, uranyum ve plutonyum çekirdeklerinin parçalanmasından yararlanarak nükleer enerjiyi kullanmayı öğrenir. Sırasıyla –enerji miktarının kontrol altında olduğu– nükleer reaktörleri ve –kontrol altında olmadığı– atom bombalarını icat eder. Daha sonra Gabon'da bir uranyum madeninde bir milyar yıllık doğal bir nükleer reak-

*Radyoaktivitenin keşfi.*
Bir demir paranın flu görüntüsü tarihsel bir belgedir. Henri Becquerel tarafından radyoaktivitenin ve dolayısıyla nükleer kuvvetin keşfini belirtir. Uranyum tuzlarıyla fotografik bir plak arasına yerleştirilen para, yandaki izi bırakmıştır.

törün kalıntıları keşfedilir. Doğa bir kez daha bizden önce davranmıştır...

Hayvanlar bu kuvveti kullanmayı öğrenmişe benzemiyorsa, bunun sebebi büyük ihtimalle açığa çıkan enerjilerin aşırı yoğunluğudur[24]: Nükleer enerjilerin yoğunluğu, biyokimyasal enerjilerin yoğunluğunun bir milyon katıdır. Nükleer, biraz porselen dükkânındaki fil gibidir. Hiroşimalılar'ın ve Nagazakililer'in kendi adlarına öğrenmiş olduğu gibi, nükleerin canlılar üzerindeki etkileri son derece olumsuz olabilir.

### *NükleerKuvvet ve Kozmik Evrim*

Yıldızlar uzun zaman parlarlar: milyonlarca ve milyarlarca yıl boyunca. Yakıtlarının doğası nedir? Elektromanyetik (kimyasal) enerji ve kütlesel çekim enerjisi –XX. yüzyıla kadar yalnızca bu iki enerji biliniyordu– Güneş'e 20 milyon yıldan uzun bir ömür veremezdi. Jeolojik tabakalarda çok daha eski kuru kemiklerin varlığı uzun süre ciddi kronolojik sorunlara yol açtı.

1930'a doğru fizikçiler doğru çözümü bulurlar: Yıldızlar nükleerle çalışır. 1938'de Alman fizikçi Hans Bethe yıldızların çekirdeğinde gerçekleşen nükleer reaksiyonların sırasını ayrıntılı olarak ortaya koyar. Sırrı, hidrojenin helyuma dönüşmesidir.

Aslında nükleer kuvvet dünyanın oluşumunun iki ayrı aşamasında devreye girer. Yıldızların merkezinde olduğu gibi protonlarla nötronları birleştirerek çekirdekleri oluşturmadan önce, evrenin ilk saniyesinin milyonda birlik ilk dilimlerinde kuvarkları üçer üçer birleştirerek protonları ve nötronları oluşturmuştur. Gücü, atom çekirdeklerinin sürekliliğinin güvencesidir. Onlara milyarlarca yıllık bir ömür sağlar.

Nükleer kuvvet yıldızların kızgın çekirdeklerinde iki taraflı evrimleştirici rol oynar. Bir yandan hafif çekirdeklerin ağır çekirdeklerle sürekli kaynaşması (nükleosentez) yoluyla bütün

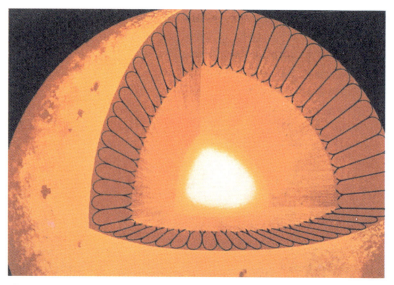

Güneş'in yakıcı çekirdeğinde sürekli olarak Güneş kütlesinin bir kısmı ışık enerjisine dönüşür. Yüzeyine yayılan fotonlar, yeryüzü enerjilerinin niteliğini yeniden artırır: Deniz suyu tekrar bulutlara yükselir ve bu da gübre etkisi yapar.

kimyasal oluşumların gerçekleşmesini sağlar. Kırmızı dev yıldızların içinde, yaşam moleküllerinin temel yapı taşları olan karbon, azot ve oksijen atomları oluşur. Öte yandan uzayda açığa çıkan ışık enerjisini üretir: Yıldız parlar. Güneş ışığı, bitkiler tarafından emilerek fotosentez yoluyla canlıları besler.

Nükleer kuvvet, gezegenimiz Dünya'nın içerisinde dolaylı fakat yine de göz alıcı bir biçimde ortaya çıkar. Büzülerek Güneş Sistemimiz'e ve Dünya'mıza hayat vermiş olan güneş bulutsusu, süpernova patlamalarında ortaya çıkan radyoaktif atomlardan (uranyum, toryum) az miktarda içeriyordu. Bu çekirdeklerin milyarlarca yıla yayılan parçalanma süreci Dünya'nın iç ısısının (merkezde yaklaşık altı bin derece) sorumlusudur. Bu sıcak çekirdek, yer katmanlarını sürekli hareket halinde tutar. Kıtaların yer değiştirmesine, volkanik püskürmelere ve depremlere neden olur. İç ısı, Ay'da olduğu gibi, tamamen açığa çıktığında bu hareketler de sona erecektir. Bazı bilim adamlarına göre, yerin söz konusu hareketliliği atmosferimizin sürekliliğini sağlar. Bu hareketlilik olmasaydı okyanus yüzeyi tarafından gazların emilmesi, volkanik yayılımlarla telafi edilemezdi ve hava katmanı durmaksızın incelirdi. Nükleer kuvvet burada da karmaşıklığın evrimini etkiler; o olmasaydı Dünya soğuk ve atmosfersiz olurdu.

*Kuvvetlerin Şiddeti*

Zayıf kuvvetin özelliklerine geçmeden önce, çalışmamız dahilinde özel önem taşıyan bir konuya değinmek üzere biraz duralım. Şimdi kendimize akademik görünen fakat bizi büyüleyici sorgulayışlara götürecek olan bir soru yöneltelim: Başlangıçta kuvvetlerin özellikleri farklı olsaydı, Evren nasıl evrimleşirdi?

Bir çekirdekte iki kuvvet karşı karşıya gelir: nükleonları (protonlar ve nötronlar) çeken nükleer kuvvet ve çekirdeği parçalama eğiliminde olan, protonlar arasındaki elektromanyetik itme kuvveti. Nükleer kuvvet biraz daha güçlü olmuş olsaydı, ne olurdu? Bu durumda, evrenin ilk zamanlarındaki yüksek sıcaklıklar bütün protonları ağır çekirdeklerde birleştirirdi. Dolayısıyla evrende hidrojen olmazdı. Sonuç olarak yıldızların ömründe önemli bir kısalma meydana gelirdi. Yaşam, yüzeylerinde ortaya çıkacak vakti bulamazdı. Ayrıca, hidrojen olmazsa su da olmaz!

Tersine, nükleer kuvvet biraz daha zayıf olmuş olsaydı hiçbir ağır çekirdek (karbon, azot, oksijen) oluşamazdı. Evren saf hidrojenden oluşurdu. Nükleer kuvvet şu anki haliyle ağır çekirdeklerin oluşumunu sağlayacak kadar güçlü; fakat big bang'in yüksek ısılarında hidrojenin yok olmasına yol açacak kadar güçlü değildir. Mutlu bir "rastlantı"!

Bir başka örnek: Doğadaki karbon bolluğu, karbon atomu çekirdeğinin kendine özgü bir özelliğine bağlıdır. Nükleer kuvvetin şiddetindeki ufacık bir değişme karbon üretimini inanılmaz derecede zorlaştırır ve karbonu çok ender bir element durumuna sokardı. Karbonun canlı organizmaların yapılanmasındaki önemi bilinir...

İleriki sayfalarda, karmaşıklığın evriminin benzer rastlantılara bağlı göründüğü başka durumlarla da karşılaşacağız. Biyoloji, bunları adaptasyon olgusuyla açıklar. Gözün, Güneş'ten yayılan ışıksal dalgaboylarına duyarlı olması tesadüf değildir. Ne var ki Darwin'in şeması canlılar dünyasıyla sınırlıdır. Doğanın kuvvetleri arasındaki ilişkiyi açıklayamaz!

### Zayıf Kuvvet

1930'a doğru yeni bir temel keşif yapılır: Atom çekirdekleri arasındaki tepkimeler yalnızca güçlü nükleer kuvvetin devreye girmesini sağlamaz. Bazı koşullarda, şiddeti çok daha düşük yeni bir kuvvet ortaya çıkar. Bu kuvvetin özellikleri genelde bilim çevreleri dışında pek bilinmez. Ben de bu kuvveti biraz daha uzun anlatacağım.

Herşey nötronun keşfiyle başlar. Protona benzeyen bu parçacığın protondan iki önemli farkı vardır. Elektrik yüklü değildir (adı buradan gelir) ve dayanıklı değildir. Serbest halde, yaklaşık on beş dakikada parçalanır. Ardında üç farklı parçacık bırakır: bir proton, bir elektron ve küçük nötron ya da "nötrino" denilen yeni bir parçacık. Bu nötrino ne elektromanyetik kuvvetle ne de nükleer kuvvetle tepkimeye girer; davranışı, başta Fermi kuvveti (İtalyan fizikçi Enrico Fermi'nin adından

*Güneş fotonları ve nötrinoları.*
Güneş bize fotonlar ve nötronlar yollar. Fotonlar yüzeyinin bütününden, nötrinolarsa diskin merkezindeki küçük bir bölgeden çıkar. Gece gündüz bize ulaşırlar; nötrinik güneş hiç batmaz.

dolayı) bugünse kısaca "zayıf" kuvvet denilen bir başka kuvvet tarafından yönetilir. En önemli göstergesi nötronların protona ve bazı durumlarda protonların nötrona dönüşmesidir.

Somut bir örnek ele alalım: arkeologların yakından tanıdığı karbon 14 atomunu. Bu atomun çekirdeği altı proton ve sekiz nötron içerir. Zayıf kuvvetin uyguladığı güç nedeniyle nötronlardan biri protona dönüşür. Sonuç: Çekirdek artık yedi proton ve yedi nötron içermektedir; bu bir azot çekirdeğidir. Bu dönüşümün gerçekleşmesi ortalama olarak altı bin yıl alır (nötronun çekirdek içindeki dönüşüm süresiyle serbest haldeki dönüşüm süresi aynı değildir). Bu dönüşüm, Mısır mumyalarının tarihlerinin saptanmasını sağlar.

Zayıf kuvveti "zayıflığı" nedeniyle nötrinolar[25] son derece belirsizdir. Hemen hemen hiç etkilenmeden müthiş miktarlarda maddenin içinden geçebilirler. Güneş'in merkezindeki nükleer tepkimeler sonucunda büyük miktarda yayılan nötrinolar, en ufak bir zorlukla karşılaşmadan yıldızımızdan kaçarlar. Güneş fotonlarının aksine, gezegenimizden emilmeden geçerler. Görülebilir Güneş, her akşam diski ufukta alçaldığında batar; fakat nötrinik Güneş asla batmaz. Detektörler, geceleyin Dünya'dan geçen nötrinoları bulurlar.

Bilinen biyolojik olayların hiçbiri, zayıf kuvveti devreye sokuyor gözükmez. Peki evrenin başka köşelerinde durum nedir? Uzak bir gezegende yaşayan ve nötrinoları tespit edebilen gözlere sahip farazî organizmalar olduğunu düşleyebiliriz. Asıl sorun, bu gözlerin kütlesidir. Nötrino görüntüsü binlerce tonluk detektörler gerektirir. Bu nitelikte görme organlarına sahip organizmalarsa hareket kabiliyetinden yoksun olacaktır. Kendi ağırlıkları altında ezileceklerdir.

### *Zayıf Kuvvet ve Kozmik Evrim*

Herşeye rağmen ve özellikle aşırı belirsizlik niteliği nedeniyle, zayıf kuvvet karmaşıklığın evrimine birçok kez müdahale eder. Güneş'in içerisindeki nükleer tepkimelerin hızını kontrol eder. Çok yüksek düzeydeki zayıflığı yıldızımızın yaşam süresini belirler ve yaşamın oluşumu[26] için zorunlu olan milyarlarca yılı sağlar.

Zayıf kuvvetin etkinliği olmadan, bir yıldızın yaşamı süresince doğan atomlar yıldızın ölümüyle yıldız kalıntılarında (nötronlu yıldız ya da kara delik) kapalı kalırdı. Nötrinolar, süpernovaların madde fırlatma mekanizmasında önemli rol oynar. Yıldız çekirdeğinin yok olması sonucu açığa çıkan enerji, nötrinolar şeklinde uzaya yayılır. Bu akımın bir kısmı, yıldızın üst katmanlarındaki atomlar tarafından emilir. Aktarılan enerji, uzaya atomları fırlatmaya yetecek düzeydedir. Yeni atomlar kaçıp kurtulur ve yıldızlararası bulutsuların içine girer.

Bir önceki tartışmayı *(sayfa 89)* yeniden ele alalım ve zayıf kuvvetin biraz daha zayıf olduğu bir evren düşleyelim. Nötrinolar, süpernovaların üst katmanlarını çok daha kolayca ve onları sürüklemeden geçerler. Sonuç: Yeni atomlar son-

*Nötrinolar ve süpernovalar.* Zayıf kuvvet, süpernovaların madde fırlatmasında temel bir rol oynar. Patlama merkezinde yayılan nötrinolar, yıldızın üst katmanlarını yanlarında sürükler.

suza dek yıldız kalıntılarında kapalı kalır. Şimdi de zayıf kuvveti yapay yoldan artıralım. Bu defa, yıldız çekirdeğindeki madde tarafından emilen nötrinolar üst katmanlara ulaşamaz bile; ve yine fırlatma gerçekleşmez. Manevra marjı incedir. Süpernova patlamaları ve yeni atomların dağılması, zayıf kuvvetin şiddetinde "ince ayar" gerektirir. İşte dikkate değer bir rastlantı daha...

*Rastlantılar*

102. sayfadan başlayarak doğanın kuvvetlerinin tarihöncesini anlatacağım. Bu kuvvetler evrenin ilk saniyesinde hızla ortaya çıkar ve evrimleşir, ancak devamında kesin biçimlerini aldıklarında bir daha kıpırdamayacaklardır. Bu bölümde verdiğimiz birçok örnek, bu kuvvetlerin nasıl tam da karmaşıklığın doğuşu için gerekli özelliklere sahip olduğunu gösterdi. Çok küçük görece şiddet değişimleri bile, kozmik maddenin soğumasını ve seyrelmesini etkilemese de karmaşık sistemlerin ve özellikle de yaşamın Dünya'da ortaya çıkması üzerinde korkunç etkiler yaratırdı.

Ancak bu kanıtlama ve bu çıkarım geçerli sayılabilir mi? Fizik kanunlarından birini alıp diğerlerinin sabit kaldığını varsayarak istediğimiz gibi değiştirebilir ve bundan, kabul edilebilir sonuçlar çıkarabilir miyiz? Hiçbir şey bundan daha az kesin değildir. Burada, bir karşı-örnek ciddi bir kuşku ortaya atar. Her öğrenci lisede, iki kütle arasındaki çekimin aralarındaki mesafenin karesi oranında azaldığını (Newton kuramı) öğrenir. Naif bir soru: Neden kare (mesafenin ikinci kuvveti) de küp (üçüncü kuvveti) ya da tam veya ondalık herhengi başka bir değer değil? Yanıt: Gezegen yörüngelerinin sabitliği bunu "gerektirir". 2'den çok az da olsa farklı bir değer, gezegeni ya merkez yıldıza ya da buzlu uzaya fırlatmaya yetecektir. Bu koşullarda, yaşamın milyarlarca yıl süren oluşumu boyunca sabit güneş ışığı alımı mümkün olmayacaktır.

Öte yandan bu 2 sayısının "değiştirilemeyeceğini" biliyoruz. Einstein'ın, Newton kuramını kapsayan ve genişleten kütlesel çekim kuramı bize bu konuda hiçbir serbestlik tanımaz. 2, yani 2.000...000; 2.000...001 değil! Tasavvurlarımız burada geçerli değildir. Yine de kesin biçimde empoze edilen bu değerin, tam da yaşamın ortaya çıkmasını sağlayan değer olduğunu belirtmek gereksiz değildir.

O halde nükleer, elektromanyetik ve zayıf kuvvetlerin özellikleri hakkında ne söylenebilir? Esasen kütlesel çekimin özelliklerinden daha nedensiz olmadıkları düşünülebilir. Newton kuramını kapsayan Einstein kuramı gibi, özelliklerin tümünü kapsayacak genel bir kuram çerçevesinde kabul ettirilebilirler. Einstein, hayatının son otuz yılını "birleştirici" bir evren kuramı bulmaya çalışmakla geçirdi fakat başarısız oldu. Meşaleyi başka fizikçiler devraldı, var güçleriyle fizik kuvvetlerini "birleştirmeye" çalışıyorlar. Halen uzak görünen hedefe gelecek yıllar hatta on yıllar içinde varılabilir.

Kütlesel çekim vakasında olduğu gibi bu genel kuramın da parametrelerdeki mümkün değişiklikler hakkında yapmış olduğumuz tasarımları geçersiz kılacağını düşünebiliriz. Buradan şaşırtıcı bir sonuç çıkar: Bu kuram, maddenin özelliklerini tam da evrenin doğurganlığını ve bilincin ortaya çıkışını sağlayacak olan özellikler olmaya zorlayacaktır...

Aynı şekilde, bambaşka bir senaryo da kurabiliriz. Birleşik bir kuramın, eğer varsa, evren kanunlarına mutlaka sabit ve yegâne değerler addetmesi şart değildir. 103. sayfada, evrenin ilk zamanlarında bu değerleri yaratmış olan ve "faz geçişi" olarak adlandırılan dönemleri anlatacağım. Başka (ve varsayımsal) evrenlerde bu değerler farklı olabilirdi.

Bu saptamalardan günümüzde çok popüler olan bir senaryo doğar: "multivers*" senaryosu. Kuvvetlerin ve parça-

---

* Fransızca ve İngilizcede Evren anlamına gelen "univers" sözcüğündeki "uni" teklik, birlik anlamı katmaktadır. Bunun yerine "multi" önekinin kullanılması çoğulluk belirtir. (ç.n.)

cıkların özelliklerinin yaratıcısı olan dönemlerin ayrı ayrı değerler yarattığı, büyük bir evrenler bütününün varlığını düşleyelim. Bizim faydalandığımız rastlantılardan faydalanamayacak olan bütün evrenler kısır kalacak ve dolayısıyla kimse bundan söz açamayacaktır. Biz kendimize sorular yöneltiyorsak, bunun sebebi yalnızca evrenimizin bu özelliklere sahip evrenlerden biri olmasıdır.

Bu senaryo bana çok tatmin edici gözükmüyor. Bu evrenlerin varlığı hakkında dolaylı ya da dolaysız birkaç kanıtımız olmadığı sürece tamamen bilimkurgu alanında kalmış olacağız.

Ne denli rahatsız edici olursa olsun, sorgulama halinde kalmak sözde yanıtları kabul etmekten iyidir. Sözde yanıtlar bizi araştırmamızı sürdürmekten alıkoyarak, soru sormanın bizi vardırabileceği zenginliklerden mahrum eder. Bu sürükleyici konuları kitabın son bölümlerinde yeniden ele alacağız.

## Enerjiler

Yanan odunlar tükenir ve kül ve duman olurlar. Yunanlı filozoflar soruyordu: Bu dönüşüm sırasında değişmeyen bir şey var mıdır? Evet, diye yanıtlıyor modern fizik: Enerji miktarı.

Evrenimiz enerjiyle dolup taşar. Enerji, kendini çeşitli biçimlerde gösterir. Doğa olaylarının tümü bir enerji biçiminin diğerine dönüşümünü gerektirir. Dört kuvvet, bu olayların gerçekleşmesini sağlayan araçlardır. Ancak enerjilerin toplamı sabit kalır.

İstiridyeci martının *(sayfa 78)* uçuşunu enerji terimleriyle anlatalım. Martı havada yükselirken, besininden gelen kimyasal (elektromanyetik) enerjiyi yerçekimi enerjisine dönüştürür. İstiridyenin düşüşü, bu yerçekimi enerjisini kinetik enerjiye dönüştürür. Kinetik enerji toprakla temas ederek mekanik enerjiye (kabuk kırılır) ve termik enerjiye (çakıllar biraz ısınır) dönüşür. İstiridyeyi yiyen martı, etinden kimyasal enerji elde eder. Artık oyununa devam edebilir.

Karanlık gecede bir yıldız parlıyor. Işık enerjisi nereden gelir? Yıldız bu enerjiyi kendi tözünden alır. Usta Albert Einstein'ın öğretisine göre kütle bir enerji biçimidir. Güneş bulutsusundaki proton ve elektron kütleleri (yaklaşık $10^{57}$ parçacık) yıldızın doğarken sahip olduğu enerji deposunu oluşturur. Yıldızın varoluşu boyunca, kuvvetlerin etkinliği bu yakıtın bir kısmını ısıya ve ışığa dönüştürür.

Yine kuvvetler ve enerjiler açısından, bu kez de bir yıldızın öyküsünü başından itibaren ele alalım. Bir bulutsu kendi ağırlığının etkisiyle ağır ağır çöker. Bulutsunun büzülmesi, kütlesinde hafif bir azalma meydana getirir; kütle önce çekim enerjisine sonra da ışık enerjisine ve ışığa dönüşür. Sıcaklık on milyon dereceye vardığında nükleer kuvvet doğar. Parçacıkların kütle enerjisini nükleer enerjiye dönüştürür. Dört protonun (hidrojen çekirdekleri) kütlesi, içinde bunların dönüştürüldüğü helyum çekirdeğinin kütlesinden büyüktür. Kütle farkı ışık enerjisi haline gelir. Güneşimiz için, Vega, Sirius ve gece göğündeki daha başka yıldızlar için durum budur.

Yıldız çekirdeğindeki hidrojen tükendiğinde, bu defa bu yanmanın külleri olan helyum çekirdekleri yanıcı hale gelirler. Nükleer kuvvet onları birleştirerek karbona ve oksijene dönüştürür. Yıldız kütlesinin yeni bir bölümü kızıl ışık olarak açığa çıkar. Akrep takımyıldızındaki Akrep Yüreği (Antares), Orion takımyıldızındaki İkizlerevi (Betelgeuse) buna örnektir. Karbon ve oksijen daha sonra birleşerek magnezyum ve silisyum oluşturacak ve yıldızın kütlesini daha da küçülteceklerdir. Bu, demir atomunun oluşumuna dek böyle sürer. Bu tepkimelerin tamamı sonucu açığa çıkan kütle parçası zayıf kalır; başlangıç kütlesinin yüzde biri civarındadır. Bununla birlikte yıldızın tüm varoluşu boyunca pırıldamasını sağlamaya yeter.

Yıldız, doğumu sırasında ışık enerjisini fotonlar halinde yayar. Yeniden ısınma boyunca bir başka olay gitgide artan bir önem kazanır: nötrinoların yayılması. Güneş'in içinde bulunan nötrinolar yıldız enerjisinin yaklaşık yüzde dördünü taşırlar. Her saniye milyarlarca nötrino vücudumuzu kateder, müthiş biçimde bizi yok sayar ama asla "nötrinik güneş çarpmasına" neden olmaz.

Yıldız yaşamının ileriki evrelerinde (kırmızı dev, kırmızı üst dev) nötrino akımı foton akımından daha yoğun hale gelir. Antares'te, nükleer tepkimeler sonucu açığa çıkan enerjinin büyük kısmını nötrinolar uzaya boşaltır. Yıldızlar son evrelerinde (faz) esasen nötrino kaynaklarıdırlar. Zayıf kuvvet[27], zayıflığına rağmen yıldızın evrimini büyük ölçüde kontrol eder.

Ağır kütleli bir yıldızın nihaî çöküşü müthiş miktarda yerçekimi enerjisi ortaya çıkarır. Bu enerji elektromanyetik, zayıf ve kinetik enerjiye dönüşür. Kısa zaman sonra yıldız patlar (süpernova) ve üst katmanlarını uzaya savurur. Bu olayda nötrinoların taşıdığı büyük önemi sayfa 93'te anlatmıştık.

En ağır kütleli yıldızlar iç patlamalarla kara deliklere dönüşür. Böylece kütle enerjisi de tamamen yerçekimine dönüşürken ışığı sonsuza dek hapsolur.

*Enerjinin Niteliği*

Enerjilerin tümü aynı "nitelikte" değildir. İki örnek bu kavramı anlatmamıza yarayacak. İlki, kesinlikten yoksundur. Bu örneği, özgünlüğünden ve pedagojik niteliğinden dolayı veriyorum. İkinci örnekte bir sorun yok.

Çiftlik yaşamından kısa bir sahne. Bir ahırda atlar kuru ot yiyor. Ayaklarının dibindeki serçeler dışkıda yiyecek bulmaya uğraşıyor. Böcekler kuş pisliklerinin etrafında dolaşıyor.

Bu olayları fizikçi gözüyle analiz edelim. Ata giren ve attan çıkan atomlar (pratik olarak) aynıdır. Ancak durumları değer kaybetmiştir. At için, kuru otun enerji niteliği dışkınınkinden yüksektir. Sindirim, atın bundan faydalanmasını sağlar. At için kullanılamaz olan maddeler kuş ya da böcek için böyle değildir.

*Yıldız fabrikası.*
Bu büyük yıldızlararası bulutsuların içinde, doğmak üzere olan sonsuz sayıda yıldız vardır. Büyük "kolon" yaklaşık bir ışık yılı boyundadır.

Bu örneğin hatası atı, kuşu ve böceği enerji niteliğinin kaynakçası yapması. İkinci örnek bu küçük kusurdan dertli değil. Dağ yamaçlarından aşağı akan (çekim enerjisi) su, elektrik santrallerinin türbinlerini harekete geçirir (kinetik enerji) ve elektrik akımları doğurur (elektromanyetik enerji). Sürtünme sonucu birtakım mekanik parçalar ısınır (termik enerji). Bu ısı kızıl ötesi ışınlar halinde uzaya dağılır, santral için kaybedilmiştir, bir anlamda işlemde verilen fireyi teşkil eder[28].

Bir enerjinin niteliğini betimlemek için *entropi*[29] sözcüğü kullanılır. Yüksek nitelikte bir enerjiye zayıf bir entropi karşılık gelir, bunun tersi de geçerlidir. Doğa olayları için enerji niteliğinde düşüş, yani entropide artış söz konusudur.

"En iyi enerjiler" hangileridir? Kütleyle birleşmiş enerji, kalite sıralamasında ilk sırayı alır. Astronomik boyutta, çekim kuvveti bu enerjiyi yararlanılabilir hale getirmekle yükümlüdür; yıldızların ağır ağır büzülmesi buna örnektir. Bu işi, atomik ve moleküler boyutta elektromanyetik kuvvet, çekirdekler düzeyindeyse nükleer kuvvet üstlenir. Yıldız evriminin ardışık evreleri bu enerjinin sırasıyla fotonik ve nötrinik ışımalara, ısıya ve harekete[30] dönüşmesini göstermiştir.

## *Enerji Kalitesini Yeniden Yükseltmek*

Doğa olayları enerjilerin kalitesini düşürüyorsa, maddenin en entropik durumuna ulaşmamış yani enerjisinin tamamen kullanılamaz hale gelmemiş olması nasıl açıklanabilir? Atların, kuşların ve böceklerin beslenmekte olduğu çiftliğimize geri dönelim. Köylü dışkıları toplar ve tarlasına dağıtır. Bu gübre, tohumların filizlenmesini kolaylaştırır. Bir sonraki yıl kuru ota dönüşen gübre atomları yeniden bütün bu hayvanları besleyecektir. Mucize mi? Hayır. Bunun sorumlusu Güneş'tir. O olmadan hiçbir şey büyüyemez. Işığı, dışkıların enerji kalitelerini yeniden yükseltmesini yani entropilerinin düşmesini sağlar. Fotosentez, yüksek kaliteli enerji bakımından zengin şeker molekülleri üretir.

Ne var ki bitkiler, emilen güneş ışığının yalnızca küçük bir bölümünden yararlanırlar. Yapraklar tarafından toplanan fotonların büyük bölümü ısıya gider. Düşük kaliteli küçük bir miktar enerjinin niteliğini "yeniden yükseltmek" için yüksek kaliteli büyük miktarda enerjinin niteliğini düşürmek gerekir.

Benzer sebeplerden dolayı, dağlardan inen yağmur suyunun uzun yolculuğu denizde son bulmaz. Yine güneş ışığı sayesinde bu su buharlaşır ve bulutları oluşturur. Dağların üstünde yeniden yağmur yağacaktır[31].

Güneş, doğanın kanunlarından muaf değildir. Enerjisinin değer kaybetmesine boyun eğmek durumundadır. Sahip olduğu hidrojenin birleşerek helyuma dönüşmesi sonucu ortaya çıkan ışığı, kütlesinin küçülmesine neden olur. Dolayısıyla Güneş bulutsusundan kaynaklanan kütlesel bir enerji tüketir. Dışkıların "niteliğinin yeniden yükseltilmesi" güneş enerjisinin niteliğinden kaybetmesi *pahasına* gerçekleşir. Bu enerjinin çok küçük bir bölümü karmaşık yapılar tarafından kullanılır. Çok büyük bir bölümü uzayda kaybolur ve evrenin entropisini yükseltir. Yıldız kadavraları (beyaz cüceler, nötronlu ve kara delikli yıldızlar) gibi bu kullanılmayan ışık da yıldız evriminin artıklarındandır.

*Genişleme Yardıma Koşuyor*

Hayvanlar nefes almadan, yemeden, içmeden ve dışkı boşaltmadan yaşayamaz. Bu işlemler sonucunda açığa çıkan ısı, yaşamsal fenomenlerdeki en düşük kaliteli enerji şeklidir. Atmosfere yayılarak ardından galaksiye ve tüm Evren'e dağılan kızılötesi ışıma şeklinde kendini gösterir. O da evrenin entropisini artırır.

Peki ama kendi bütünlüğü içinde ele aldığımızda Evren hakkında ne söyleyebiliriz? Enerji niteliğindeki düşüşü nasıl telafi edebilmektedir? Bununla birlikte uzun vadede, "termik ölüm" denen en büyük entropiye mahkûm mudur? Durağan, dolayısıyla ister istemez sonsuz olan bir evren mutlak surette bu durumda olurdu.

Evren'in görece gençliği (15 milyar yıl...), enerjilerin hepsinin tamamen değerinden kaybetmediğini ortaya koyuyor. Bunun için henüz zamanları olmadı. Bir gün olacak mı? Önemli bir nokta: Her yıl, daha önce göremediğimiz galaksiler görüyoruz. Genişleme sürdükçe, geleceğin ufkunda hiçbir termik ölüm görünmüyor.

Kütlenin ışığa dönüşmesi galaksilerüstü uzaya sürekli artan miktarda ısı (kozmik evrim artığı) fırlatır. Bu ısı; galaksilerarası ortamdaki sıcaklığı galaksileri, yıldızları ve gezegenleri gaz haline getirecek derecede artırma riski taşıyacaktır. Ne var ki genişleme yine işe karışır. Galaksiler arasındaki boşluğu genişleterek, artıkların toplanacağı ve şüphesiz daha büyük bir "çöp kovası" yaratır. Isınmak şöyle dursun, Evren ağır ağır soğumaktadır...

## Kuvvetlerin Doğuşu

Zaman içindeki ilerleyişimizi sürdürüyoruz. Nedenlerini tanımlayabilmek amacıyla kozmik karmaşıklığın öyküsünü yeniden dile getiriyoruz. Fizik, gökbilim ve özellikle de en çok kabul edilen şekliyle ele aldığımız big bang kuramı bize kılavuzluk ediyor. Fakat bu kılavuzlar nereye kadar inandırıcı ve güvenilirdirler?

Zaman içinde ne kadar geriye gidersek, Evren o kadar sıcaklaşır, parçacıkların enerjileri o kadar büyür, çarpışmaları o kadar şiddetli olur. Bu olaylar laboratuar ortamında hızlandırıcılar aracılığıyla incelenmektedir. Ulaşılabilen enerjiler yüz milyarlarca derecelik sıcaklıklara karşılık gelmektedir. Elde edilen sonuçlar böylece –görece bir güvenlik altında– Evren'in ilk saniyesine dek uzanmamızı sağlar.

O dönemde madde, müthiş çeşitlilikteki temel parçacıklarından oluşmuş şu devasa ve yakıcı püre şeklinde bulunur. (*sayfa 19*) 10 milyar derece dolaylarında, nükleer kuvvetin etkisiyle ilk atom çekirdekleri oluşurken 3000 derece dolaylarında ilk hidrojen atomlarının oluşumunun yanında mikrodalga fon ışımasının yayılımı gerçekleşir.

Kuvvetler, özellikleri, keşfedilişlerinin öyküsü ve karmaşıklığın artışındaki rolleri bu bölümün başında anlatılmıştı. Fakat nereden geliyorlar? Birleştirdikleri parçacıkların bir öyküsü var mı? Fizikçiler birkaç yıldan beri bu soruları aydınlatmaya çalışıyorlar. Fikirler yok değil. Ne var ki biraz ihtiyatlı olmak gerekiyor. Parçacık hızlandırıcılarının en büyükleri (CERN, Chicago, Stanford) $10^{16}$ dereceye denk gelen yaklaşık bir trilyon elektrovoltluk ($10^{12}$) enerjilere ulaşıyor. Ancak öyle görünüyor ki sorularımızın yanıtları çok daha yüksek sıcaklıklar gerektirmektedir. Bu sıcaklıkları karşılayacak hızlandırıcılar ne zaman yapılabilir?

Yine de hiç kaynaksız değiliz. Fizik, kuramsal verilere dayanarak kendimizi çok yüksek sıcaklıklar alanına atmamıza olanak sağlıyor. Son derece ihtiyatlı olmak şartıyla doğadaki kuvvetlerin ve parçacıkların kökeni sorununu ele alabiliriz. Yani laboratuar deneylerinin dayanağı olmadan, tasarlanan bütün kuramların kurgul kalacağını bir an bile aklımızdan çıkarmayarak.

Şimdilerde çok popüler olan bir şemaya göre, $10^{32}$ derecede –Planck derecesinde– kuvvetler ve parçacıklar bildiğimiz şekilleriyle bulunmuyorlardı. Madde, "süper teller" biçiminde bulunuyordu. Keman tellerine benzeyen bu "titreşen varlıklar\*", sonrasında fiziğin dört kuvvetini doğuracağı gibi soğuk dünyamızın temel parçacıklarının bir dizisini de oluşturacaktı. Bu başkalaşımlar, evrenin öyküsündeki ilk saniye dilimleri boyunca sıralanmış bir olgular dizisiyle gerçekleştirilecekti. Bu olgular faz geçişleri adını taşır.

\* Entité: Bireyliği olan bir varlık gibi düşünülen şey. (ç.n.)

## Simetri Kaybı ve Faz Geçişleri

Bu öykünün beklenmedik olaylarını izleyebilmek için şimdi de kendimizi iki önemli kavrama alıştırmamız gerekiyor: örneklerle anlatacağımız "simetri kaybı" ve "faz geçişleri".

Bir kalem yavaşça ucu üzerine yerleştirilir ve bırakılır. Kalem düşer ve yatay pozisyona geçer. Masa üzerinde belli bir yöne işaret etmektedir. Düşüşten önce bütün yönler prensip olarak kaleme açıktı. Fizikçilerin jargonunda söylersek, dikey bir eksenin etrafında bir "simetri durumunda" bulunuyordu – bilim terminolojisinde aynı şey böyle anlatılır. Kalem düşüşten sonra "bu simetriyi kaybetti". Seçilen yön diğerlerinden ayrılır: Düşen kalemin durumunu betimler. Yine aynı jargonda, yön diğerlerinden "farklılaşır" denir. Basit şeyleri söylemek için böylesine karışık bir terminoloji kullanmak ukalâlık mı? Hayır: Bu "farklılaşma" kavramı öykümüzde esaslı bir rol oynayacak. Kuvvetlerin ve parçacıkların kökenini açıklamak için pek çok kez bu kavramı kullanacağız.

*Ucu üzerinde duran kalem.* Ucu üzerinde dengede duran kalem, olası yönler arasından bir düşüş yönü seçmek "zorundadır".

Şimdi faz geçişlerinden bahsedelim. Yüksek sıcaklıkta su, düzensiz hareket eden moleküllerden oluşan bir gaz halinde bulunur. 100 santigradın altında soğuyarak "faz" değiştirir ve sıvı hale gelir. Sonra, 0 santigradın altında katılaşarak buz olur. Ardı ardına iki faz geçişi gerçekleştirmiştir.

Yuvarlak bir masanın ortasına bir bardak sıvı halde su koyalım. Bütün, ucu üzerindeki kalem gibi dikey eksen etrafında simetriktir. Bardağı soğuğa koyalım. Su molekülleri donarak kristalleşirler. Düşen kalem gibi, bu kristallerin de uzayda tanımlı bir yönelimi vardır. Katı haldeki su, sıvı haldeki suyun simetrisine sahip değildir. Donma olayı da kalemin düşüşü gibi bir simetri kaybına yol açmıştır.

Buradan biraz zor bir bölüme geçiyoruz. Kalem ve kristaller tarafından seçilen yönler, bizim de içinde bulunduğumuz reel uzayda yer alır. Kuvvetlerin kökenini açıklayabilmek içinse yeni bir "uzay" düşlememiz gerekir. Evren'in ilk zamanlarında "birincil" bir kuvvet, tamamı birbirine denk parçacıklarda ve aynı şekilde kendini gösteriyordu. Bu aynılık, reel uzayda ucu üzerinde duran kaleme benzer biçimde bu kez yeni uzayımızda yer alan bir simetri durumunda tanımlanır. Bir faz geçişi esnasında başlangıç simetrisi kırılır, parçacıklar ve onların üzerinde etki yapan etkileşimler farklılaşır ve özgün davranışlar edinirler. Kalem belli bir yöne düştü, Evren de başlangıçtaki simetri durumunu yitirdi. İşte en kötüsü geçti bile!

Evrenin öyküsündeki ilk saniyeden önce, simetri kayıplarının eşlik ettiği bir dizi faz geçişi parçacıklara ve kuvvetlere bugün bildiğimiz özelliklerini verdi.

$10^{28}$ derece kritik sıcaklıkta, Evren $10^{-35}$ saniye yaşındayken özel önem taşıyan bir olgu gerçekleşir. Nükleer kuvvet diğer kuvvetlerden farklılaşır ve ardından büyük şiddetini kazanır. "Büyük birleşme"[32] denen bu farklılaşma parçacıkların iki sınıfa bölünmesine yol açar: bir yanda nükleer kuvvete duyarlı kuvarklar, diğer yanda bu kuvvete duyarsız elektronlar ve nötrinolar.

$10^{15}$ derece civarlarında, elektrozayıf denilen yeni bir faz geçişi sırasında zayıf kuvvet elektromanyetik kuvvetten ayrılır. Böylelikle her iki kuvvete de duyarlı olan elektronlar, yalnızca zayıf kuvvetle tepkimeye giren nötrinolardan farklılaşır. Kütlesel çekim kuvvetinin farklılaşması ise belki Planck dönemine dek uzanır, pek iyi bilemiyoruz.

$10^{12}$ derece civarlarında, üçüncü bir faz geçişi kuvarkları üçer üçer birleştirerek nükleonların (protonlar ve nötronlar) doğmasına neden olur. Kuvarklar bu sıcaklığın üzerinde, sıvı sudaki moleküller gibi uzayda serbestçe yüzerken bu sıcaklığın altında buzdaki moleküller gibi bir nükleonun içinde oturmaya mahkûmdurlar.

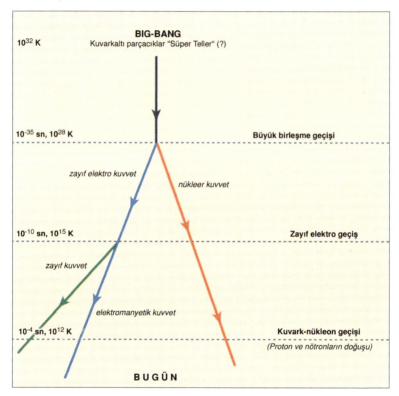

*Kuvvetlerin kökeni.*
Evren'in soğuması sırasında, doğal kuvvetler varsayımsal bir ilkel kuvvetten ayrılır. $10^{28}$ K ($10^{-35}$ saniye) dolaylarında nükleer kuvvet ortaya çıkarken, elektromanyetik kuvvet ve zayıf kuvvet ancak $10^{15}$ K ($10^{-10}$ saniye) dolaylarında ayrışır. Bunun sonucunda temel parçacıklar kendi kütlelerini kazanır. $10^{12}$ K ($10^{-4}$ saniye) dolaylarında protonlar ve nötronlar doğar. Zaman, yukarıdan aşağı akar.

Bu son paragraflar zordur. Söylediklerimizi birkaç kelimeyle özetleyelim. Faz geçişleri sayesinde kuvvetler ve parçacıklar sırayla ilk zamanların farklılaşmamış durumundan kurtulurlar. Ardından kendi şahsiyetlerini ve özgünlüklerini elde ederler. Evren kaotik durumundan çıkar; madde çeşitliliğe erişir.

*Kütle Edinmek*
Yıldızların ağır parçacıklardan (protonlar, nötronlar, elektronlar) oluştuğunu biliyoruz. Sahip oldukları ışık, kütlelerinin bir kısmının enerjiye dönüşmesinden ileri gelir. *(sayfa 97)* Fakat kütle, parçacıklara nasıl geldi? Kütle, bir önceki bölümde anlatılan faz dönüşümlerinden kaynaklanır.

Kuvarkların, elektronların ve nötrinoların kütlesi büyük olasılıkla elektrozayıf geçiş sırasında ($10^{15}$ derecede) ortaya çıkar. Kuvarkları nükleonlarda birleştiren $10^{12}$ derecedeki geçiş, protonların ve nötronların kütlesini sabitler. Bu geçişler olmasaydı evrenin tüm parçacıkları kütlesiz kalırdı, gökyüzünde hiçbir yıldız parlamazdı ve Evren kısır kalırdı.

*Karşıt Maddenin Yengisi*
Hesiodos'a göre dünya tarihi tanrılar ve acımasız devler arasında geçen korkunç bir savaşla başlar. Bu sonuncular; görkemli, son bir kıyımla yenilirler. Artık insanlar dünyaya gelebilecektir. İnsanî bakış açımıza göre, Devler "kötü adamlar"dır ve artık herşey yolundadır.

Biraz hayal gücüyle, çağdaş evrenbilimde de buna çok benzer bir öykü bulabiliriz. Başlangıçta Evren'in nüfusunu madde (iyi adam, çünkü biz ondan meydana geldik...) ve karşıt madde (kötü adam, çünkü herşeyi yok edebilir) oluşturuyordu. Bu karşıt madde ilk saniyeden az önce ortadan kaldırılır, artık karmaşıklığın oluşumu başlayabilir. Ama önce karşıt madde üzerine birkaç hatırlatma.

Doğada her parçacığa bir karşıt parçacık karşılık gelir. Negatif elektronun yanında paralel olarak bir pozitif karşıt elektron bulunur. Protonlar ve karşıt protonlar, nötronlar ve karşıt nötronlar, nötrinolar ve karşıt nötrinolar vb. vardır. Karşıt parçacıklar tamamen kuramsal varlıklar değildir; büyük hızlandırıcılar milyarlarca karşıt parçacık üretir. Bir parçacık karşıt parçacığıyla karşılaştığında her ikisi de ışığa dönüşerek birbirlerini yok ederler. Kütleleri ışık enerjisine dönüşür.

Bugünkü Evren'de hemen hemen hiç karşıt madde bulunmaz. Başlangıçtaysa durum böyle değildi; madde miktarı karşıt madde miktarına tam tamına eşitti. Bu durum devam etmiş olsaydı, kozmik kütle yavaş yavaş ışığa dönüşmüş olurdu. Ne galaksi ne de yıldız barındıran boş bir Evrenimiz olurdu.

Varoluşumuzu da yine bir faz geçişine (büyük olasılıkla elektrozayıf geçişe) borçluyuz. Bu faz geçişi, başlangıç simetrisini kırarak[33] çok az miktarda bir madde fazlası doğurdu. İki nüfus, bir saniye dilimi boyunca bu hafif eşitsizlik durumunda birarada varlıklarını sürdürdü ve sonra ikişer ikişer yok oldular. Yok olmak için karşıt madde eşini bulamayan şu tanrı vergisi madde fazlası hariç. Daha sonra, yıldızların içindeki atomları ve gezegenlerin yüzeyindeki molekülleri oluşturacak olan ilk protonlar ve nötronlar işte bu fazlalıktan doğacaktı. Bu kurama göre varoluşumuz, Hesiodos'un[34] devlerinin yenilmesi gibi karşıt maddenin önceden yok edilmesini gerektiriyordu.

Şunu da ekleyelim: Bu kurtarıcı fazlalık durağan (genişlemeyen) bir evrende asla oluşamazdı. Genişleyen, daima genişleyen bir evren...

*Proton Dayanıklı mıdır?*

Bu faz geçişi bizi, atomik fenomenlerle beyaz kazların uçuşu arasındaki bağ hakkında yeni ve müthiş düşüncelere vardırır. Bu düşünceler protonun dayanıklılığı sorusunu gündeme getirir.

Doğada bulunan çok sayıda parçacık türü dayanıklı değildir. Belli bir süre sonra parçalanırlar. Ortalama süre[35] aşırı kısa (çok küçük bir saniye dilimi) olabilir ya da tam tersi milyarlarca yıla yayılabilir. Nötron, protona dönüşmeden önce onbeş dakikadan pek fazla yaşamaz. Peki hidrojen atomunun çekirdeği proton için durum nedir? Gerçekten dayanıklı (sonsuz) mıdır, yoksa varoluşu zaman içinde sınırlı mıdır?

Ortalama yaşam süresi Evren'in yaşını (15 milyar yıl) kesin olarak aşar, aksi halde atomlar hiç olmazdı! Bu süre bin katrilyon yıldan ($10^{18}$ yıl) az olsaydı, vücudumuzdaki proton parçalanmaları bizi yüksek derecede radyoaktif kılardı. Laboratuar deneyleri bize bu sürenin 100 trilyon katrilyon yılı ($10^{29}$ yıl) kesin olarak aştığını söylüyor, ancak kesin rakamı bilmiyoruz. Protonun sonsuz (dayanıklı) olduğunu düşünebilir miyiz?

Eh, hayır! Bunun sonucu bir felaket olurdu. Bir faz geçişiyle madde fazlalığı eklenmesi gerçekleşemezdi. Evren simetrik kalırdı. Dünyanın ilk anlarındaki madde-karşıt madde yıkımından sağ kalan olmazdı ve ışıktan bir Evren'imiz olurdu.

Başımın üstünden uçan yabankazları bize protonun çok uzun zaman varlığını sürdürdüğünü fakat bunun sonsuz olmadığını söylüyor! Karmaşıklık boyutunun kaynağı, Pascal'ın iki "sonsuzu" arasındaki diyalog yeniden karşımıza çıkıyor.

# 4
# OYNAMAK

Maddenin başlangıçtaki kaotik magma durumunda kalmaktansa bir düzene girmesini sağlayan nedir? Bu kitabın temelini bu soru oluşturur. Bu bölümde bu sorunun bir başka yönünü ele alacağız. Doğa oynamayı "bilir", üstelik çok da güzel oynar!

Önceki bölüm bize fizik kanunlarıyla yönetilen kuvvetlerden ve enerjilerden bahsetti. Bu kanunlar maddenin davranışını tam olarak ve sıkı bir biçimde kontrol etmez. Dünyayı düzenler fakat belli bir konunun sayısız farklı gerçekleşme şekline alabildiğine özgürlük tanırlar. On binin birkaç katı kadar türde kelebek vardır. Her biri farklı olan bu kelebeklerin hepsi de çiçek polenlerini taşır. Her birimiz farklı kişilikte, farklı duyarlılıkta ve farklı kültürden 6 milyar (demograflara göre bir yüzyıl içinde bu rakam 10 milyar olacak) insanız. Bununla birlikte hepimiz doğanın kanunlarına uyuyoruz (yurttaşlık kanunlarına her zaman uymasak da...).

Şimdi, dünyanın yaratıcılığının güvencesi olan rastlantı, "erteleme" gibi daha oyunbaz öğelerin katkısından söz açacağız. Bu bölüm bizi doğanın oyun alanına götürecek. "Yakınsama" (yasamanın ifadesi) ve olumsallık (oyunun ifadesi) öğelerinin yan yana gelerek karmaşıklığın temel özelliği *(sayfa 33)* olan varlıkların çeşitliliği olgusunu sağladığı bölgelerin sınırlarını çizmeye götürüleceğiz. Bu verimli birliktelik özellikle enformasyon alanında kendini gösterecek.

### Geleceği Görebilir miyiz?

Albert Einstein'ın "Tanrı zarla oynamaz." sözünün karşısına Stéphane Mallarmé'nin sözünü çıkarabiliriz: "Atılan bir zar asla rastlantıyı ortadan kaldırmayacaktır." Tuhaftır, modern fizik bu noktada bilim adamının karşısında şairi tutuyor. Böylesine yerilen, uzun zaman şiddetle reddedilen rastlantı bugün, küllerinden doğan uğurlu anka kuşu gibi yeniden canlanıyor. Bileğinin hakkıyla bilimin kutsal odasına giriyor. Kozmik evrime çeşitlilik ve öngörülemezlik özelliklerini veriyor. Yani onu çekici kılan herşeyi.

Gelecek önümüzdeki gizemli kıtadır; orada herşey mümkündür, en iyi olan kadar en kötü olan da. Önceden bilmek insanoğlunu daima çekmiştir. Peygamberlerin ve kâhinlerin sözleri çok dinlenir.

XVII. ve XVIII. yüzyıllarda astronomideki gelişmeler hiç ayak basılmamış bu alanda geniş yollar açtı. Galile hareket halindeki cisimleri gözlemler ve basit matematiksel formüllere uyduklarını görür. Pisagor'dan sonra o da doğayı açıklamada sayıların önemini haykırır. Newton'ın denklemleri yıldızların bugününü geleceklerine bağlar. Halley kuyrukluyıldızı 2060'ta geri gelecektir. Gökbilimci, *Güneş Tapınağı*'ndaki Tenten gibi peygambermiş duygusuna kapılır.

Gök mekaniğinin baş döndürücü başarıları doğal determinizm düşüncesinin inandırıcılığını artırıyor ve şaşırtıcı sorular ortaya atıyor. Geleceğin kıtasını nereye kadar keşfedeceğiz? En küçük ayrıntılarına kadar haritasını çizebilecek miyiz? Gölgede kalan hiçbir yer bırakmadan? Eğer yanıt evetse, asla *yeni* bir şey meydana gelemez. Arap geleneği "*Mekhtoub*" der ("yazıldı"). Einstein'sa "Gelecek sürüp giden bir yanılsamadır." sözleriyle Evren'i sıkıcılığa ve monotonluğa mahkûm ediyordu.

## Üç Bemol

XX. yüzyıl fiziği bu öngörü rahatlığına üç bemol koydu. Kuvantum teorisi, determinist kaos teorisi ve Evren'in genişlemesi her biri kendi yollarından, fizikçinin peygambervari gücünü ciddi anlamda sınırlayacaktır.

Klâsik fizik her sebebe bir ve yalnızca bir sonucun karşılık geldiğini söylüyordu. Hayır, bir tek değil fakat bir grup olası sonuç, diye yanıtlar kuvantum fiziği, ve bunlardan hangisinin gerçekleşeceğini önceden bilmek mümkün değildir. Yalnızca bu olayların her birinin olasılıkları bilinebilir. Kesin seçim rastlantıya bırakılmıştır. Başka bir deyişle, olabilecek her şey öngörülebilir fakat özellikle hangisinin olacağı öngörülemez. Peygamber için bu giz önemlidir.

## Kaotik Büyültme

Determinist kaos kuramları şu son birkaç on yılda büyük önem kazandı. Çok sayıda araştırma dalı bu kuramlarda, özellikle alışılmış tekniklere uymayan sorunları aydınlatacak görüş açıları buldular.

Sarkaçların ya da gezegenlerin hareketlerinden daha karışık hareketleri inceleyen fizikçiler daha önce kuşku uyandırmamış bir zorluğu[36] ortaya koydular. Şu anki durumu bilmek, geleceği sonsuza dek şeffaf kılmaya yetmez. *Büyültme* etkilerini hesaba katmak gerekir. Çok küçük faktörler yavaş yavaş olayların akışına hükmedecek kadar büyürler. Belli bir aşamadan sonra, ötesinde geleceğin öngörülemez olduğu "öngörü ufku" yer alır.

İstisnai olmak şöyle dursun, bu tip davranış biçimi somut gerçeklik[37] problemlerinin neredeyse tamamında görülür. Bize en tanıdık olan örnek meteorolojidir. Bu alandaki tahminler 15 günün ötesinde hiçbir değer taşımazlar. Lorentz'den Tokyo'ya uçuşa geçen kelebek bir sene sonra Paris üstünde olacak olan atmosferi tamamen öngörülemez kılar.

Gezegen yörüngelerinin düzenliliği "bilginler" için hem büyük bir fırsat hem de bir tuzak olmuştu. Büyük bir fırsat, çünkü yerçekimi kanununu keşfetmelerini sağladı; bir tuzak, çünkü bilginler bu düzenliliği doğa olaylarının tümü için genelleştirmekte tereddüt etmediler. Gerçekten de büyük gezegenlerin hareketlerinin bile tahmini yörüngeleri vardır. Kaotik yörünge hesaplarının öncülerinden biri olan Jean Laskar'a göre Merkür 5 milyar yıldan daha az bir zamanda Venüs'le karşılaşabilir, Mars'ın dönüş ekseni 0 dereceyle 60 derece arasında salınıyor olabilir[38]. Ancak içinde bulunduğumuz zamanda, gözlemlenen yörünge bozulmaları o kadar zayıftır ki gökyüzü mekanikçilerinden kaçmayı büyük ölçüde başarmışlardır.

Devinimsiz sistemlerin ve canlı organizmaların evrimi milyarlarca yıllık bir zaman dilimine yayılır. Andromeda galaksisindeki bir kelebeğin hareketi 2 milyon yıl sonra olacak yeryüzü olaylarının akışını etkileyebilir. Fizikçi Joseph Ford şöyle yazar: "Kaos, düzenin ve öngörülebilirliğin özgür bırakılmış hareketidir. Yakalanacak fırsatların çeşitliliği, seçimi, bereket boynuzudur."

*Genişleme*
Einstein bize, uzak iki cisim arasındaki etkileşimin anlık olamayacağını öğretti. Daima, en azından ışığın bu uzaklığı aşmak için harcadığı zamana denk bir süre vardır. 23 Şubat 1987 sabahı gözümüze görünen Büyük Macellan Bulutu'ndaki süpernova patlaması aslında 169.000 yıl önce olmuştu: Bu bulut Dünya'dan 169.000 ışık yılı uzaklıktadır!

Ötesinde olan hiçbir şeyin bize ulaşamadığı kozmik ufuk yaklaşık 15 milyar ışık yılı uzaklıkta yer alır. Her yıl bir ışık yılı daha uzaklaşır ve bizim için yeni galaksiler görülebilir hale gelir.

Şimdi kaos kuramlarının iletisini anımsatalım: Uzun vadede en küçük olaylar (Andromeda galaksisindeki bir kelebek...) fiziksel bir durumun evrimi üzerinde esaslı bir etki yapabilir. Dünyanın yüz yıl içinde gireceği halleri hesaplamak, hem bugün gözlemlenebilen olaylar bütününü hem de önümüzdeki yüz yıl boyunca gözlemlenebilir hale gelecek olan tüm olayları bilmeyi gerektirir. İster istemez gelecek olan bu öğeleri bilemiyoruz. En iyi bilgisayarlarla bile öngörebildiğimiz.... yalnızca şimdiki zaman!

### Kristal Kürede Ne Görülebilir?

Japonya'da depremler sık ve şiddetlidir. Felâketi öngörmek ve halka önceden haber verebilmek umuduyla jeofizikçiler, jeolojik faylar boyunca yerde oluşan gerilmelerin evrimini ve dağılımını incelerler. Yakın zamanda olan Kobe depremi –ki kesinlikle önceden bilinmiyordu– bu umutlar üzerinde soğuk duş etkisi yaptı. Sismoloji bize şiddetli sarsıntılara en duyarlı bölgeleri bildirir ve sarsıntıların ortalama sıklığını da tahmin edebilir. Ne var ki bir sonraki depremin yerini ve zamanını önceden söyleyemez.

Bu örnek, bilimin geleceği görmekteki yeterliliğini ve sınırlarını ortaya koyar. Bilim için genel savlar ortaya atmak mümkündür fakat özel vakalar bilimin sınırlarını büyük ölçüde aşar. Kısa bir masal bu noktayı açıklamamızı sağlayacak. Bilmem hangi iyi peri sayesinde bir fizikçinin zarar görmeden dünyanın başlangıç dönemlerini gözlemlemek üzere gerilere gittiğini hayal edelim. Fizik kanunlarını bilerek evrenin evrimini öngörebilecek midir? Tereddüt etmeden "Evren soğuyacak, seyrelecek ve gece gitgide daha karanlık olacak." diyecektir. "Homojen püre galaksilere ve yıldızlara ayrılacak. Bu yıldızların çekirdeklerinde atomlar oluşacak. Çevrelerini gezegen kortejleri saracak."

Bu tahminlerin özel olaylar hakkında değil, genel davranışlar hakkında olduğunu belirtelim. Yıldızlar oluşacak, özel olarak Güneş değil. Güneş bulutsusunun çöküşüne ve yıldızımızın oluşumuna yol açan yıldız olaylarının kesin sırası olasılıktan ve rastlantıdan doğar. Gezegenler oluşacak, özel olarak Dünya değil. Gezegen çarpışmaları olacak, özel olarak Ay'ı yaratacak olan, kutupları eğecek olan ya da dinozorları öldürecek olan çarpışma değil[39].

## Çekim Havzaları

Bir limana her yerden gemiler gelir. Gemiler kıyıya yanaşır yanaşmaz, susamış tayfalar taverna aramaya şehre inerler. Bu tavernalar, susuzluğun hangi kökenden olursa olsun tüm tayfaların adımlarının "yakınsamasını" sağlayacağı (birarada toplayacağı) bir tür "çekici", diğer bir deyişle "çekim havzasıdır". Çakırkeyif olan bu gemicilerin her birinin izlediği özel yolu tahmin etmekten vazgeçerek "bara giderler" gibi niteliksel bir tahminde bulunmakla yetinirsek, haklı olma olasılığımız son derece yüksek olur.

Benzer şekilde, kaos kuramları da geleceği kesin olarak bilme umudumuzu kaybettirerek, karşılığında bize yeni bir geleceği keşfetme yolu sunar. Bir sistem zaman içinde başlangıç durumundan bağımsız olarak sabit ve öngörülebilir bir görünüme (çekim havzası) doğru evrimleşir (yönelir). Biraz sonra, suyun davranışı bize bu konuda güzel bir canlandırma sunacak.

## Kurnaz Demokritos

Yunan filozof Demokritos "Herşey rastlantıdan ve gereklilikten olur" diye yazmıştı. Daha iyisini söyleyemezdi. Modern söylemde "gereklilik", "fizik kanunları" adını alır. Bu kanunlar, üzerinde kuvvetlerin maddeyi yavaş yavaş düzenleyeceği yapıyı oluştururlar. Onlar olmadan Evren başlangıçtaki farklılaşmamış magma durumundan asla çıkamazdı.

Ancak bu kanunlar doğa olaylarını en ufak ayrıntısına kadar ilgilendiriyor, imparatorlukları determinist kontrolünü, olan herşey üzerine yayıyor olsaydı; dünyada hiçbir çeşitlilik var olmazdı. Evren yalnızca aynı şeyin sonsuz bir tekrarı, iç karartıcı ve can sıkan bir tekdüzelik olurdu. Sonsuza dek ne doğuda ne batıda değişen bir şey olurdu. Karmaşıklık olmazdı. Tersine eğer rastlantı başhükümdar olsaydı, hiçbir kanun maddenin oluşumunu yapılandırmasaydı; evren devasa ve betimlenemez dağınıklıkta bir yığın, "karmaşık" tanımlamasına hiç yaraşmayan bir durumda olurdu.

Doğa, yaratıcılığını gereklilik ve rastlantının dozlarını ayarlayarak dışavurur. Kanunlar evrene yapı kazandırır, maddenin genel davranışına hükmeder ancak kanunların yargı alanı olayların tamamlanma evresine dek uzanmaz. Raslantı ve Evren'in genişlemesi sayesinde karmaşık sistemlerin çeşitliliği sınırsızca artabilir.

## Erteleme ve çeşitlilik

*Stephane Mallarmé'nin bahsettiği zar atışından daha başarılı olan dengeler, rastlantının sonuçlarını ortadan kaldırırlar.*

Dağın üstüne yağmur yağar. Su akıntıları yamaçlardan iner ve kayalarla yeşillikler arasından kayar. Daha aşağıda, şırıltılı derelerde biraraya gelirler. Daha da ötede, başka sularla birleşip kabararak coşkun çağlayanlar halinde ırmaklara doğru koşarlar. Bu su akıntılarının birleşmesi ağır ağır denize doğru akan büyük ırmakları doğurur.

Su damlasının okyanus yolculuğu uzun sürebilir. Bazen dağ gölleri yolunu keser. Ancak bu, sürekli değildir. Erozyon, gölün sınırlarını yavaş yavaş siler ve su yeniden, aşağıya yönelen amansız yolculuğuna koyulur. Su, inişi sırasında bir sürü farklı yol izler. Yağmurdan sonra tepe, içiçe geçmiş çağlayanlar, sel suları, ırmaklar ve sakin göllerle kaplanır. Suyun, okyanustaki denge haline henüz ulaşmamış olduğu bu geçiş durumu boyunca çeşitli su görüntüleri ortaya çıkar. Su görüntülerinin çeşitliliği, aşağıda okyanusun parlak yüzünde kaybolur.

Dağlardan inmeye çalışan su gibi, evrendeki parçacıklar arasındaki tepkimeler de en dengeli yapıları korumak eğilimindedirler[40]. Ne var ki bu eğilim en uç noktaya varana dek sürdürülmüş olsaydı, Evren'deki her türlü çeşitlilik yok olurdu.

Evren'imizdeki atomik türlerin farklılığı (Mendeleyev tablosundaki yüz element), nükleer kuvvetin başlangıçtaki pürenin element parçacıkları üzerindeki etkinliğinden kaynaklanır. Denize kavuşan su gibi demir de en dengeli halinde bulunur. Eğer kozmik maddenin evrimi tamamen nükleer denge arayışının egemenliği altında kalmış olsaydı, bugün dünyamız yalnızca bu metalin atomlarını barındırıyor olurdu. Başlangıçtaki element parçacıklarının tekdüzeliğini demirin tekdüzeliği izlerdi. Evrendeki atomik manzaranın çeşitliliği bize (ne mutlu ki...) bu durumun gerçekleşmediğini gösteriyor. Peki neden?

Bir kez daha evrenin ilk saniyesine dek geri gidelim. Sıcaklık birkaç on milyar derecedir. Kozmik madde, serbest halde bulunan protonlar ve nötronlardan bir çorba şeklinde bulunmaktadır. Henüz hiçbir ağır çekirdek yoktur. Sıcaklık 10 milyar dereceye vardığında "temel nükleosentez" denilen büyük bir dönüşüm gerçekleşir. Protonlar ve nötronlar birleşerek (yaratıcı buluşmalar!) nükleer çeşitliliği başlatırlar. Dört çekirdek oluşur: ağır hidrojen (döteryum), iki tür helyum ve bir tür lityum. Ancak hepsi budur. Protonların büyük çoğunluğu (%75'i) etkilenmemiştir. Bu parçacıklar, bize hidrojen yıldızlarını verecek olan bir çeşit "erteleme" halinde kalırlar.

Bir yıldızın, kütlesinin bir kısmını ışığa dönüştürmesini sağlayan nükleer olaylar daha önce anlatılmıştı. Temel nükleosentez sonunda sağ kalan protonlar yıldızların yakıtını oluşturur. Evrenin bu ilk saniyesinde temel protonların ve nötronların tümü demire dönüşmüş olsaydı, yaşam asla ortaya çıkamazdı. Bizi bu uğursuz kaderden kurtaran neydi? Yanıt ileriki sayfalarda.

*Kırağı çiçekleri*

> *Pencerem bir kırağı bahçesi.*
>
> EMILE NELLIGAN

Quebec'teki kış sabahlarının erken saatlerinden bir manzara geliyor aklıma. Pencerelerde içiçe geçmiş buzlu desenler, doğan güneşin soluk ışığında mavi, mor ve pembenin sedefli tonlarına bürünür. Soğuk cama temas eden nemli hava orada kalır ve içiçe geçmiş bir sürü ağaç görünümünde cama yayılır. Bu kırağı çiçeklerinin açmasını seyretmekten asla bıkmazdım.

Su, buzdolabında buz küplerine dönüşür. Buz kaplarındaki su moleküllerinin, en dengeli hallerine geçebilmek için bol bol vakti vardır. Bize düz bir buz katmanının tekdüzeliği yerine bu rengârenk desen güldestesini veren nedir? Söz konusu olan dönüşümün hızıdır, su dengeye ulaşacak zamanı bulamaz[41]. Quebec'teki Saint-Laurent Yarımadası'nda rota değiştiren iri buzulları anımsıyorum. Bir süre sıvı haldeki ırmak suyuyla birlikte bulunmalarını sağlayan erimenin yavaş olmasıdır. *Titanic*'i delen aysberg ise bunun acı sonlu bir başka örneğidir. Eğer erime bir anda gerçekleşmiş olsaydı, gemi batmamış olurdu.

Dengenin ve onun ayrılmaz eşi tekdüzeliğin hegemonyası, ancak *gerçekleşebilecek* olan şeyler gerçekleşmeye *vakit*

*bulduğunda* baskın çıkar. Duraklama halindeki bir evrende, bu rejimler kaçınılmaz olarak ortaya çıkacaktır. En olağanüstü yavaşlıktaki tepkimeler, en ihtimal dışı olaylar bile er ya da geç gerçekleşecektir. Denge hallerine çoktan ulaşılmış olacaktır ve Evren'imizde hiçbir çeşitlilik var olmayacaktır.

Penceremdeki buzlu desenler, dengesizlik rejimlerinin evrenin evrimi boyunca oynadığı rolü açıklar. Nasıl ki pencereye çöken suyun soğuması, düzenli bir biçimde cam yüzeye yayılması için aşırı hızlıysa, Evren'in soğuması da hidrojenin tamamen demire dönüşecek zamanı bulabilmesi için aşırı hızlıdır.

Soğuma oranını belirleyen Evren'deki genişlemenin hızı iki farklı faktör arasındaki ince ayardan doğar: Bu faktörler, kütlesel çekim kuvveti ve kozmik maddenin yoğunluğudur. Kütlesel çekim kuvveti ve/veya yoğunluk daha zayıf olsaydı, genişleme o kadar hızlı olurdu ki hiçbir galaksi oluşamazdı. Galaksiler yoksa yıldızlar, yıldızlar yoksa ağır atomlar, ağır atomlar yoksa karmaşıklık da olmazdı.

Tersine kütlesel çekim kuvveti daha şiddetli ve/veya yoğunluk daha yüksek olsaydı, kozmik madde ilk saniyede demire dönüşmüş olurdu. Ayrıca, big bang'in yüksek sıcaklıklarına yeniden kavuşan Evren tekrar hızlı bir biçimde kendi üstüne kapanırdı.

Özetleyelim. Evren'in tüm yaşamı boyunca kuvvetlerin etkisi, her defasında daha dengede atomların ve moleküllerin ortaya çıkmasına yol açar. Bu gelişim, kozmik genişleme oranının neden olduğu dengesizlik rejimlerinin kurulmasıyla frenlenir. Bu frenleme gerçekleşmeseydi, çeşitlilik yeni bir tekdüzeliğe dönüşmüş olurdu.

Kuvvetlerin aynılığa olan doğal eğilimini nötralize etmekten memnun olmayan bu verimli dengesizlikler yeni olana ve bilinmeyene giden bir kapı açarlar. Onlar sayesinde, etkileşimlerin sonuçları büyük ölçüde görünmez kalır. İşte bu noktada rastlantı devreye girer ve yenilikçi rolünü oynar. Halihazırda var olan yapılar (atomlar, moleküller) birleşerek (yaratıcı buluşmalar...), sıraları geldiğinde aynı oyuna katılacak olan yeni varlıklar doğurabilir.

Bir yıldızın merkezindeki nükleer kuvvetin etkisiyle doğan atomik türler, yıldızın ölümüyle uzaya dağılır. Bu atomlar elektromanyetik kuvvet sayesinde birleşerek moleküler türlerin müthiş çeşitliliğini ortaya çıkarır. Moleküler çeşitlilik atomik çeşitliliğe "eklenir". Eklene eklene, doğa daha karmaşık ve daha başarılı yeni yapılar ortaya çıkarır.

## Doğuş ve Evrensellik

Bir flash-back'le, sonbahar göğündeki yabankazı sürüsüne dönelim. Kozmik mayanın tohumlarını arayışımızda bu kuşların bize rehberlik ettiğini hatırlatalım. Onları oluşturan kuvarklar ve elektronlar, ilk zamanlardaki kızgın pürede bulunuyordu. Bu dönüşüme katkıda bulunmuş olan kuvvetlerle enerjilerin, rastlantıyla astronomik koşulların oyununu anlattık.

Bu bölümde, konumuzun en zor sorularından birini ele alacağız. Karmaşık varlıklar bileşik bir davranışa sahiptir. Bir fiziksel, kimyasal, biyolojik tepkimeler bütünü nasıl yalnızca düzensiz elementlerin yan yana gelmesine değil de özelleşmiş, yapılanmış, etkileşimli bir varlığın doğmasına yol açar? Başlangıçtaki tutarsızlıktan bir davranış tutarlılığı nasıl doğar? Sistemlerin "organik" birliği nasıl karmaşıklığın her düzeyinde (atomlar, moleküller, hücreler, canlı organizmalar) bulunur?

Bir karmaşık sistemin, bütünselliğine katılan *yeni doğmuş özellikleri* olduğunu hatırlatalım. *(sayfa 33)* Alkol molekülü, barındırdığı karbon, hidrojen ve oksijen atomlarının tek tek sahip olmadığı tat nitelikleri taşır. Demir atomu, 26 proton

*Deniz kuşları.*

ve 30 nötrondan oluşmuş bir çekirdekle çevresinde 26 protonluk bir elektron kortejinden ya da başka türlü söylersek 194 kuvark ve elektronluk bir toplamdan meydana gelir. Davranışını tamamen değiştirmek için tek bir elektronunu almak (bir defa iyonize etmek) yeterli olur. Alınan her elektron (çok sayıda iyonizasyon) tamamen farklı bir duruma karşılık gelir. Bu nitelikler, bu parçacıkların biraraya gelmesinden doğar. Bilinen ifadeyle söylersek: Bütün, parçaların toplamından fazladır.

### Hidrojen Atomu

Yeni doğan özellik kavramı yazı diliyle karşılaştırılarak açıklanabilir. (*L'Heure de s'enivrer*, [*Sarhoş Olma Zamanı*] Editions du Seuil, 1986). Okuyucunun gözünde bir sözcüğün "anlamı", özel bir düzenle sıralanmış harflerin birlikteliğinden doğar. "Mavi" sözcüğü, sahip olduğu dört harfin tek tek ele alındığında barındırmadığı bir rengi belirtir. Sözcüklerden oluşan tümceler ("gökyüzü mavidir"), tümcelerden oluşan paragraflar, metinler, kitaplar, diziler vb.de de aynı olay tekrarlanır.

Harfler ve sözcükler insan aklının yaratılarıdır. Kökenleri geçmişe ve uzlaşıma dayanır; kanun koyucuları sözlüklerdir. Peki fiziksel sistemler için durum nedir? Hidrojen atomu niçin onu oluşturan protonun ve elektronun davranışlarından çok başka bir davranışa sahiptir?

Geçmişten bir anı bizim için öğretici olacak. Hidrojen atomunu açıklamayı amaçlayan ilk girişimler yüzyılın başına dayanır. Elektromanyetik kuvvetin etkisiyle aralarında çekim oluşan bir elektron ve bir proton nasıl davranır? Bu durumun kütlesel çekimin etkisi altındaki Güneş-Dünya sistemine olan benzerliği, Jean Perrin'e protonun çevresindeki bir yörüngede dönen bir elektron görüntüsünü düşündürttü. Ancak Newton'ın gezegen modelinin kazandığı başarının aksine, sonuç tam bir başarısızlık oldu. Elektromanyetizma kanunlarına göre yüklü bir parçacığın yörüngesel hareketi ışık yayılmasına ve bunun sonucunda da enerji kaybına yol açar. Bir gezegen yörüngesi gibi sabit olmayan elektron yörüngesi sarmal bir hareketle elektronu, bir saniye diliminde ezileceği protona doğru iterdi. Bu, bütün atomlar için böyle olurdu. Oysa birkaç milyar yaşındaki yer taşları hiçbir yok olma eğilimi göstermezler.

Maddenin dengeliliği sorunu büyük ölçüde kuvantum teorisinin temelini attı. Kuvantum teorisi bu sorunu nasıl çözer? Uygun belitlere başvurarak. Bu belitlerin formülasyonu atomun bir kendindelik gibi ele alınması ve davranışının, yapısındaki parçacıkların davranışlarının basit bir toplamı olmaması anlamına gelir. Bu durumda zorluklar ortadan kalkar.

Bu açıklama ilk bakışta tatminkâr gelmeyebilir. Oyunun başında sistemin bütünselliği kabul edilir; hamleden sonra bütünselliğin tekrar belirmesi şaşırtıcı değildir. Ancak fizikte her zaman olduğu gibi doğrulama deneyle olur. Kuvantum teorisi, şaşırtıcı bir kesinlikle evrendeki nükleer, atomik ve moleküler yapıların özelliklerini öngörür. Bir kuramın değeri, gözlemleri açıklayabilme kapasitesine göre ölçülür.

Özet olarak, parçacıkların ve aralarındaki etkileşimlerin yan yana gelmesi maddenin davranışını yeniden ortaya çıkarmaya yetmez. Kuvantum belitleri, kuvarklardan oluşan nükleonların, nükleonlardan ve elektronlardan oluşan atomların ve ayrıca atomlardan oluşan moleküllerin bütünselliğinin korunması olayını göz önüne alır.

Ancak doğadaki sistemlerin bütünselliği moleküller düzeyinde kalmaz. Canlı bir hücre, çeperinin iç kısmında gerçekleşen moleküler tepkimeleri düzenleyerek bileşik bir davranış edinir. Vücudumuzun hareketleri, milyarlarca hücrenin ortak etkinliği anlamına gelir.

Bu bütünselleşme aynı şekilde psişik (ruhsal) düzeyde de bulunur. Eksikliği durumunda gerçekliği kendini negatif olarak gösterir, örneğin şizofrenlerde. Psikanalistler bütünselliğin yaşam boyunca, insanoğlunun farklı güdülerini düzenleyip bilinç düzeyine çıkarmasına yarayan "bireyleşme" süreciyle edinildiğini söylüyor.

Kuvantum fiziği belitlerinin atomik ve moleküler alanlarda kazandığı başarı, karmaşıklığın daha ileri düzeylerinde sistemlerin bütünselliğinden sorumlu yeni düzenleyici maddelerin olasılığını ileri sürer. Öneriler eksik olmamıştır. Ancak kuvantum teorisinin aksine bu varsayımların doğruluğu güçlükle tanıtlanabilir. Hiçbir deneysel tahmin bu varsayımları doğrulamaya ya da çürütmeye yaramaz. Bu varsayımlar bilgi yolunda hiçbir yeni kulvar açmazlar ve bugüne dek "bilimsel verimliliklerini" kanıtlamamışlardır. Bence sezgi ya da "mutlak inançlar" olarak düşünülmeleri gerekiyor. Şu an için metafizik düşünceler alanına aitler. Son bölümde yeniden karşımıza çıkacaklar.

## Su Hareketini Düzenler

Bir tencereye bir miktar su koyalım. Sıvının molekülleri her yöne gidip gelirler. Hareketler rastgeledir. Bütün, kusursuz bir tutarsızlık içindedir: bir kaos görüntüsü. Entropi azami düzeydedir. Şimdi ocağı yakalım: Su durulur. Sıvı kütleler, yüzeyde kabarcıklar oluşturarak yükselir ve alçalırlar. Moleküllerin hareketleri düzene girmiştir.

"Bu moleküllerin hareketlerinin eşzamanlı olarak belli bir yönde hizalanma olasılığı nedir?" diye sorulacak olursa, sonsuz küçüklükte değerler bulunur! Bununla birlikte su, ocağı her yakışımızda bu davranışı tekrarlayacaktır!

Olasılık hesabında yanlışlık mı yaptık? Yalnızca, ısıtarak sıvının dış koşullarını değiştirdik. Tencerenin dibi ve yüzeyi arasında sıcaklık farkına yol açtık. Bu makroskobik değişim,

*Pasifik'te bir kasırga.*
Atmosferdeki moleküller, bazı meteorolojik koşullar altında, hareketlerini Dünya yüzeyinde ağır ağır kımıldayan burgaçlar şeklinde düzenler.

mikroskobik düzeydeki[42] düzenin kaynağıdır. Alkolün susamış denizcilere yaptığı gibi bir çekici etkisi yapar. Moleküllerin hareketleri yakınsar ve kaynama hücrelerini doğurur.

Çaydanlık iletisi, öykümüzün devamında akılda tutulmalıdır; madde bazı koşullarda düzene doğru "çekilir".

### On Kilometre Boyunda Bir Balık

Bundan birkaç yıl önce helikopter pilotları Karayipler'in ılık suları üzerinde tuhaf bir manzaraya tanık olurlar. Boyları onlarca metreyi bulan "balıklar" sağa sola dönerek, ara sıra yarım dönüşler yaparak, zaman zaman derinliklerde kaybolarak ağır hareketlerle suda yer değiştirirler. En büyük balinaların boyu 20 metreyi geçmez; orada, gözlerinin önünde hangi deniz canavarı yüzüyordu? Gözlemci olarak görevlendirilen dalgıçlar esrarı çözerler. Sıkışık bir topluluk halinde yüzen milyonlarca küçük balık tek bir organizma görüntüsü vermektedir.

Etologlara göre bu toplu hareketlerin basit bir açıklaması vardır. Her balık, kendine en yakın olan komşularına ne çok yakın ne de çok uzak olan sabit bir uzaklıkta durmaya çalışır.

*Yaşamın geometrisi.* Canlılar dünyasında bol miktarda geometrik şekil bulunur. Biyolojik zorunluluklar, maddenin kendi kendini düzenleme eğilimini değiştirir. Ayçiçeklerinin geometrik şekilleri, matematik yapılar çerçevesindeki genetik mesajların ifadesidir.

Sonuç olarak tüm koloni birlikte yer değiştirir. Yukarıdan, dev bir organizma görüntüsü verir. Leşçilerin varlığına bağlı olan bu strateji, İkinci Dünya Savaşı'ndaki gemi kafilelerinin denizaltı saldırılarını en aza indirmeyi amaçlayan stratejisini hatırlatır. Bir tehlike karşısında, öncü balıklar sola ya da sağa dönerler. Bu yeni yönelim, daima uygun uzaklık gereği balık sürüsünün bütününe yansır. Bütünsel tutarlılık korunur: Canavar yalnızca yolunu değiştirmiştir.

Artık bize yabancı olmayan terimlerle söylersek, yukarıdan görülen ejder balık yörüngelerinin öncülerin baskısıyla yakınsadığı bir çekicinin varlığının görülebilen belirtisidir. Dış koşulların potansiyel yapılandırma rolünü açıklar.

### Hücre Otomatları

Bizim için öğretici olan başka örnekler de bilgisayar oyunlarıdır. Her hanesi siyah ya da beyaz olmak üzere iki renk alabilen dev bir dama tahtası düşünelim. Oyunun başında renklerin dağılımı rastgeledir. Dikkatimizi beyaz bir hanenin üzerinde toplayalım. Şu kuralı uygulayalım: Eğer sağ ve sol yanında bulunan hanelerin renkleri aynıysa (iki beyaz veya iki siyah) asıl hanenin rengi değişir ve siyah olur. Tersine, eğer komşu haneler farklı renktelerse asıl hane başlangıç rengini korur. Her hane aynı kurala uyar. Her oyunda dama tahtasında yeni bir renk dağılımı gerçekleşir. Pek çok kez yeniden başlanır ve dama tahtasındaki desenlerin evrimi gözlemlenir. Aynı koşullarda başka kurallar denenir ve sonuçları gözlemlenir.

Böylelikle bazı kuralların şaşırtıcı sonuçlar doğurduğu saptanır. Büyük beyaz ya da siyah alanlar oluşur, sürer, dama tahtası üzerinde yer değiştirir ve bazı durumlarda birbirini yok eder. Burada programcının tanımlamış olduğu basit kurallar, dama tahtası üzerinde bütünsel bir harekete sahip makroskobik yapılar doğurmaya yetmiştir.

Su moleküllerinin, balık sürülerinin ve hücre otomatlarının gösterdiği bu kendi kendini düzenleme belirtileri, bizi benzer olayların biyolojide rol oynayabileceğini düşünmeye çağırır. Yaşamsal olaylar, genlerin mesajlarıyla fizik kanunları arasında işbirliğine (sinerji) neden olacak bazı kimyasal tepkimelerin yakınsayacağı çekiciler olacaktır.

## Bilgiler

*Kristallerin Belleği, Baştankaraların Belleği*
Etajerin üzerinde, Maden Okulu'nun bir konferans sonrasında armağan etmiş olduğu içi billurlu bir yumrutaşım var. İçi billurlu yumrutaşlar, iç yüzleri ametistle kaplı oyuk taşlardır. Baktığınızda, Ali Baba'nın mağarasına girmiş gibi

Kristal, oluşumu sırasında yapısını korur.

*Sıvacıkuşu*

hissedersiniz. Bu büyüleyici taş oluşumları, peşpeşe jeolojik soğuma dönemlerinden kaynaklanır. Sırayla farklı mineralojik maddeler, yüzeyde güzel, mora çalan ametist piramitlerle kendilerini bırakırlar.

Kristal, soğuma sırasında saflığını nasıl korur? Atomların şekli ve boyutu, belli bir sıcaklıkta kristalin yüzeyinde sabitlenecek olan mineralleri belirler. Nasıl bir anahtar yalnızca kendi kilidine girerse, ya da Meccano parçaları Lego tahtasına uymazsa, yüzeye de yalnızca atomlara özgü konfigürasyonlar tutunur; diğerleri atılır. Ametistler, bu "bilgiye" dayanarak renklerini, şeffaflıklarını ve piramit yapılarını korurlar. Bu olay, mineraller âlemindeki bilgi yönetiminin iyi bir örneğidir.

Kristalin saflığını korumaya tek bir bilgi –atomlarının geometrisi– yeter. Oysa hayvan yaşamı, çok büyük miktarda bilgi depolanmasını gerektirir; bir "belleğin" varlığını zorunlu kılar.

Kış sonunda çok sayıda kuş Malicorne'a, ahşap bir kemerin üstüne konmuş ayçiçeği tohumlarıyla beslenmeye gelir. Gök baştankaralar, kömür baştankaralar, bataklık baştankaraları, ağaç ispinozları, sıvacıkuşları, floryalar yan yana gelir ve ara sıra da itişip kakışırlar. Bu kuşların besini ele geçirme hızları şaşkınlık vericidir. Birkaç saniye içinde bir sıvacıkuşu kemere tüner, bir tohum kapar, bir gaga hamlesiyle tohumu kırar ve yeniden havalanır. Bu oyun bin kez tekrarlanır.

Bir sıvacıkuşunun gözümün önünde topladığı tohumların sayısı beni hep şaşırtmıştır. Kuşlar bunca tohumu ne yaparlar? Yavrularını mı beslerler? Yavruları henüz doğmamıştır ki... Sorumun yanıtını bir bilim dergisinde buldum. Bir bataklığa araştırma yapmaya gönderilen bir kuşbilimci (ornitolog), bir baştankaranın aylar önce yerleştirmiş olduğu tohumları teker teker yeniden bulduğunu görmüş. İşte kuşların bilgiyi depolama yeteneklerinin kanıtı!

## Bilgi Dilleri

Bir yapıda ya da bir mesajda saklı bilgi miktarı nasıl ölçülür? Bir "bilgi birimini" tanımlamak için, iki yanıtı olan bir soru kullanılır. Örneğin bir lambanın kapalı mı açık mı olduğunu bilmek. İlk duruma sıfır rakamı, ikinci durumaysa bir rakamı verilir. Ardından mesaj, bir grup benzer soruya verilen bir yanıtlar dizisi şeklinde kodlanır. Soru sayısı bilgi miktarının ölçüsüdür.

Bilgisayar programları, programcının hedefleri için gerekli olan bireysel işlemlerin (çift yıldız yörüngelerinin hesaplanması gibi) sırasını belirleyen sıfır ve bir dizileri görünümündedir. Bir programın dizisinin uzunluğu "bilgi içeriği" olarak adlandırılır.

Moleküler biyoloji alanındaki araştırmalar, bununla canlı varlıkların davranışı arasında şaşırtıcı benzerlikler ortaya çıkardı. Hücreler, dört birimden –"nükleik bazlar" adı verilen dört moleküle bağlı A, C, G ve T– oluşan bir "bilgi alfabesi" kullanırlar. Bu "harflerin" oluşturdukları dizi, DNA denilen ve birkaç milyar elemente varan dev boyutlarda "metinler"

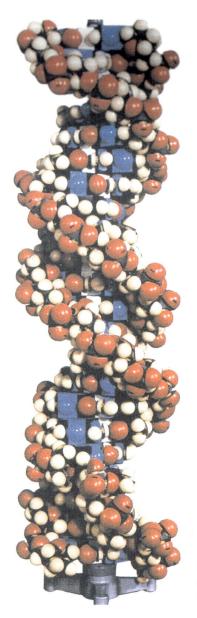

Genetik bilgi, canlı hücrelerin çekirdeklerindeki uzun DNA zincirlerinin içinde yazılıdır.

*Aslan balığı.*

meydana getirir. Bu metinler, yaşamsal işlevlerin temel öğesi olan proteinlerin oluşumu için gerekli olan bilgileri içerirler.

*Karmaşıklık ve Bilgi*

Airbus'ların yapılış programındaki bilgi içeriği, basit bir planörünkinden daha uzundur. Bakterilerin bilgi içeriği (birkaç milyon ACGT), memelilerinkinden (birkaç milyar) çok daha kısadır. Bir yapının karmaşıklığıyla, yapıyı tanımlama ya da üretme yeteneğindeki programın uzunluğunu birarada düşünmek çekici bir fikirdir.

Ne var ki bu birliktelik birtakım kuşkuları da beraberinde getirir[43]. Bir katedralin yapılışıyla bir taş yığınının yapılışını karşılaştıralım. İlki için gerekli olan bilgilerin listesi, ikincisi için gerekli olan ve "taşları üst üste yığmak" komutuna indirgenebilecek bilgi listesinden daha uzundur. Öte yandan, eğer her çakılın belli bir yere yerleştiği özel bir taş yığını yapma düşüne kapılırsam, bilgi içeriği yine çok geniş olacaktır. Hiç kuşku yok ki; bu noktada artık bilgi sayısı bir karmaşıklık ölçütü değildir; taş yığını düzenli bir yapı değildir. Karışıktır fakat karmaşık değildir. *(sayfa 33)*

Bu paradoks bizi iki tür bilgi ayrımı yapmaya götürür. Bir yanda sistemin işlevi için esas teşkil eden bilgiler bulunur. Bir uçak için kanatlarının şekli ya da bir katedral için sunağın varlığı gibi. Öte yandaysa farklı olmaları projenin gerçekleşmesine engel olmayacak, tamamen ikincil bilgiler vardır. Uçağın iç döşemesinin rengi ya da katedralin merkez sunağına varmak için atılan adım sayısı gibi.

Katedrallerin yapılış programı yalnızca kuruluş amacı (dinî ayinlere mesken yaratma) için gerekli olan işlemleri içeriyor olsaydı, bütün kiliseler özdeş olurdu. "Katedral turu" yapmazdık! İkincil bilgiler mimara, düş gücünü ve yaratıcılığını kullanma fırsatı verir. Chartres Katedrali, Paris'teki Notre-Dame Katedrali'ne benzemez fakat her iki yerde de ayin yapılır. Airbus,

Bu kelebek kanadı üzerine "çizilmiş" göz, avcıları engellemeye yarayan bir tuzaktır.

Alpler üzerinde uçan planörden farklıdır fakat ikisi de mavi gökte yükselir. Özgün bir taş yığınını betimlemek için gereken bilgiler büyük ölçüde ikincildir. Taş yığınları turu yapmayız.

Bin kelebek türü, çiçeklerin tozlaşmasını sağlar. Renkleri, bedava bir lüks değildir; dişileri çekmeye ya da leşçilere karşı koruma sağlamaya yarar. Ancak renklerin kesin düzeni genel olarak temel nitelikte değildir. Kelebeklerin genetik evrimi boyunca gerçekleşen kazaları yansıtırlar. Karmaşık bir sistem hem temel bilgiler (varılacak hedefin özellikleri) hem de ikincil bilgiler (bireyselliği ve çeşitliliği belirleyen bilgiler) içerir.

Karmaşıklığın oluşum biçiminin karakteristik rastlantı-gereklilik dozu burada bilgisel ifadesini bulur. Temel bilgilerin yokluğu yalnızca dağınık bir yığın (taş yığını); ikincil bil-

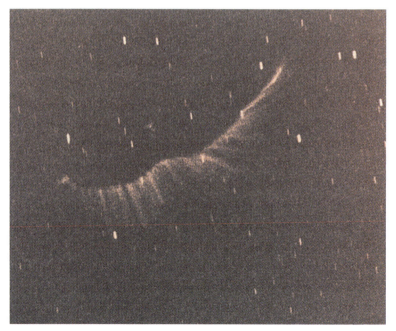

Yukarı atmosferdeki rüzgârlarla savrulan bir kuyrukluyıldızın kalıntıları.

gilerin yokluğuysa yalnızca tekdüzelik (tamamı özdeş katedraller) doğuracaktır. Bazı bilim adamlarına göre azami karmaşıklığa, iki tür bilgi açıkça eşit olduğunda varılacaktır.

Billurlu yumrutaşımızda, kristalin saflığının korunması için zorunlu olan geometrik bilgi donmuş ve değişmez halde bulunur. Ancak tamamlanmış görüntülerin çeşitliliğini açıklamaya yetmez. Sonuç aynı zamanda, kabın şekli ve kristalleşmedeki sıvı soğumasının hızı gibi başka faktörlere de bağlıdır *(sayfa 131)*. Her kristalin, donmuş ve gerekli bilgilerle (atomların geometrik şekli) anekdotik ve ikincil bilgilerin (dış koşullar, tarihsel dönem) biraraya geldiği kendine ait bir öyküsü vardır. Harika kar kristallerini gözlemlemek bize bir açıklama sunar. Bir kar tanesini tanımlamak için, gerekli fiziksel-kimyasal bilgiyi –altı noktası olmak (altıgen simetri)– hatırlatmak yeterli olmaz. Mart sağnaklarının nemli bulutlarında rastgele izlenen yola bağlı ikincil bilgiler bütününü de hesaba katmak gerekir.

## *Entropi ve Bilgi*

Alphonse Daudet *Lettres de mon moulin (Değirmenimden Mektuplar)* adlı eserinde bize, bir köy geleneğine göre kayan her yıldızın cennete giden bir ruha işaret ettiğini anlatır.

Kayan yıldızlar özellikle Ağustos ayının ılık gecelerinde iyi gözlemlenebilir. Bunlar, gezegenlerarası uzaydan gelen küçük çakıllardır. Bu ince kumlu çakıllar atmosfere girdiklerinde ısınır ve gaz haline gelirler. Bundan enerjinin niteliği *(sayfa 98)* konusuna geçerek bu konunun bilgi kavramıyla olan yakın ilişkisini kavrayacağız.

Çakıl, gezegenlerarası uzayda, hareketine bağlı kinetik enerjiye sahiptir. Mikroskobik boyutta onbinlerce oksijen ve silisyum atomundan oluşur. Bu atomların hareket yönünü biliyoruz: Onları Dünya'ya fırlatan gezegenlerarası yörünge üzerinde hep birlikte yer değiştirirler.

Çakıl buharlaştığı anda, bu kinetik enerji ısıya dönüşür. Enerji niteliğinde kayıp ve dolayısıyla entropide artış söz konusudur. Önemli bir noktayı belirtelim: Atomların hareketleri *artık* paralel *değildir*, mümkün olan her yöne dağılmıştır. Özel yörüngeleri hakkındaki tüm bilgiyi kaybettik. Bu bilgi kaybı sistemin entropisinde artışa (kinetik enerjinin ısıya dönüşmesi) karşılık gelir. Enerji niteliğindeki kayıp (entropinin artması) bilgi azalmasına bağlıdır.

Oluşmakta olan yumrutaş bize bunu ters yönden sunar. Başlangıçta sıcak ve sıvı haldeki maddenin içinde çok çeşitte molekül birbirine karışır. Magma içindeki belli yerleri hakkında hiçbir bilgimiz yoktur. Soğuma esnasında farklı mineral fazları ayrılır ve üst üste katmanlar halinde yerleşir. Yumrutaş, doğduğu sıvıdan daha düzenlidir. Bu katmanların her birinin kimyasal doğasını artık biliyoruz. Bilgi arttı ve entropi azaldı[44].

# 4
# BİYOLOJİK KARMAŞIKLIĞIN TOHUMLARI

# İyileştirmek

Bu bölüm, hayvan davranışlarının şaşırtıcı hünerleri karşısında daima yenilenen hayranlığın göstergesi kısmına girer. Neredeyse her hafta, bilimsel dergiler bize yeni hünerler tanıtırlar. Heyecan verici gösterilerin bir kısmı bu bölümde anlatılacak. Bu sayfalarda, kendimizi büyülenme zevkinden de mahrum etmeden, biyolojik karmaşıklığın tohumlarını tanımaya çalışacağız.

İlkbaharın dönüşü kırlangıçları da geri getirir. Erkek kardeşimin Saint-Louis Gölü kıyısındaki kır evimize yakın büyük karaağaçlar üzerine yerleştirdiği kuş yuvalarını anımsıyorum. Gözlerimin önüne, yavrularına gagalarında yemek getiren ve aylak kediyi acımasızca avlayan kırlangıçlar geliyor. Tiz çığlıklar eşliğinde yaptıkları pikeler, kediyi uzak tutmaya yeterdi. Onları oluşturan atomların tersine, kırlangıçlar ölümsüz değildir. Hayatta kalmak ve yavrularına bakmak için besinlerini bulmayı bilirler. Bu yetenekleri nereden gelir?

At bakıcıları atların performansını, tohumlukları seçerek yükseltirler. Bu teknikten esinlenen Charles Darwin, hayvan soylarının daima daha başarılı yetenekler elde ettiği bir "doğal seleksiyon" fikri ortaya attı. Rekâbet, biyolojik düzeyde karmaşıklığın güçlü tohumlarından biridir. Adapte olan soyların hayatta kalmasını ve çoğalmasını sağlar. Gezegenimiz üzerinde yaşam, bu suretle sürebilmektedir.

Göçmenler uzun deniz aşırı yolculuklarını başarıyla sürdürebilmek için, üstün nitelikte anıklık göstererek karasal çevrelerinin özelliklerini kullanırlar. Pek çok bilgiyi toplama, depolama ve yönetme yeteneği karmaşıklığın tohumlarından bir başkasıdır. Öğrenme, yapıları zenginleştirir; iyileştirilmiş yapılar da öğrenme kapasitesini daha üst düzeye doğru geliştirirler.

Canlı varlıklar bu tohumların etkisiyle büyüleyici yetenekler geliştirirler. Marifetleri modern radarlarınkileri aşan yarasalar ve sesleri (sonar[*]);uzun yolculuklarında başvurdukları kılavuzluk yöntemleri bizim için hâlâ büyük ölçüde gizemli olan göçmen kuşlar önümüzdeki bölümlere konu olacak. Ardından, öğrenme yöntemlerine uzanacak ve kendimize soracağız: Öğrenmek nasıl öğrenilir?

Bir kez daha, karmaşıklığın evriminin özelliklerinin belki de en şaşırtıcı olanından, her aşamada bulunan "basitlikten" söz açalım. Bir öğeler bütünü birleşerek, kendini bütünsel ve uyumlu bir davranışla ifade eden birleşik ve bireyleşmiş bir yapı oluştururlar. Bu özellik, atomlar ve moleküller için, kuvantum fiziği belitleri dizgesinde "yazılıdır". Ancak bu özelliğin hücreler, organizmalar ve özellikle de bilinç halleri düzeyinde yeniden ortaya çıkışı büyük gizemini hâlâ koruyor.

## Yarasalar

Bu metin, doğanın doğası üzerinde düşünmek için bir fırsattır. Hayvanları algılayışımızdan, bu algılayışın asırlar boyunca nasıl değiştiğinden bahsedecek ve hayvanların olağanüstü hünerlerine hak ettikleri değeri verme kapasitemizin, o anda bulunduğumuz teknoloji seviyesine nasıl sıkı sıkıya bağlı olduğunu anlatacağız.

---

[*] Sonar (Sound Navigation and Ranging – Ses, Yön Bulma ve Düzenleme): Denizaltılarda kullanılan radara benzer, ses dalgaları nın yansıtılmasına dayanan deteksiyon ve iletişim aracı. Bazı bilimadamları buna benzetme yaparak hayvanlarda bulunan "doğal" sonarlardan bahsetmişlerdir. (ç.n.)

Malicorne'da, havanın ılık olduğu geceler akşam yemeğini dışarıda, çiftliğin eski binalarının yakınında yeriz. Gaz lambalarının ışığı, yarasaların kesik uçuşunu aydınlatır. İnsanlar, kaotik yollar izleyen bu kanatlı memelilerden kesinlikle hoşlanmazlar. Karanlığın hayvanları olan yarasalar korku verirler. "Çabuk içeri girin", derdi büyükannem, "saçlarınıza yapışacaklar[45]". Pek çok halk efsanesi, yarasalara uğursuz güçler atfeder.

Bugün yarasalara bakışımız büyük ölçüde değişti. Her biri bir teknoloji harikası olan hünerleri, mühendislerimizin en büyük başarılarının çok ötesine geçer.

### Yön Bulma Teknikleri

Eski bir inanış yarasalara zifirî karanlıkta avlanabilme gücünü atfeder. Bu inanışı doğrulamak amacıyla, XVIII. yüzyılda Lazzarro Spallanzani bir yarasayı kapanların ve ağların bulunduğu karanlık bir odaya kapatır. Yarasa tüm zorlukları aşar. Spallanzani ardından yarasanın başını saydam bir başlıkla örter ve ışık verir; yarasa her yere çarpar. Şeffaf bir başlıkla bile başarısızlığa uğruyordur! Karanlıkta son derece rahat olan hayvan, ışıkta çaresiz kalır. Yönünü, görerek bulmadığı açıktır.

Biyoloğun ardından yeltendiği acımasız deney bugün sert biçimde kınanırdı: Spallanzani yarasanın gözlerini oyar.

Hayvan doğru biçimde uçar! Hem de, kulakları örtülmemek şartıyla, başlık olduğunda bile. Yarasa sese göre yönünü bulur... Bu organın hayvanın vücuduna oranla sahip olduğu büyüklük, öte yandan onu... pirelendirebilirdi de!

Ne var ki yarasanın uçuşuna, duyduğumuz hiçbir ses eşlik etmez. Ancak Spallanzani'nin döneminde ultrasonların (ses ötesi) varlığı henüz bilinmiyordu. Bu hayvan tarafından çıkarılan ve algılanan seslerin frekansı, insan kulağının duyarlı olduğu ses dizisini büyük ölçüde aşar.

### Avın Yerini Belirlemek

En eski denizciler, geceleyin seyredebilmek ve pusukayalardan (resiflerden) kaçınabilmek için ses yankısını kullanırlardı. Falezlerin uzaklığı, yankının gidiş-dönüş süresiyle –yaklaşık saniyede 150 m.– ölçülürdü. Yarasalar da aynı tek-

Yarasa, yaydığı ses dalgalarının yankısını uzun kulakları sayesinde algılar.

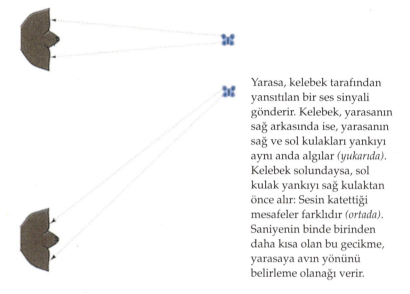

Yarasa, kelebek tarafından yansıtılan bir ses sinyali gönderir. Kelebek, yarasanın sağ arkasında ise, yarasanın sağ ve sol kulakları yankıyı aynı anda algılar *(yukarıda)*. Kelebek solundaysa, sol kulak yankıyı sağ kulaktan önce alır: Sesin katettiği mesafeler farklıdır *(ortada)*. Saniyenin binde birinden daha kısa olan bu gecikme, yarasaya avın yönünü belirleme olanağı verir.

niği kullanır. Uçuş sırasında hızlı bir biçimde, saniyede yaklaşık 30.000 titreşimlik bir frekansta –bir santimetreye yakın bir dalgaboyu–, bir dizi ses ötesi çığlık atarlar. Dikilen kulakları, bu çığlıkların yankısını algılar. En eski denizciler için olduğu gibi, çığlığın atılması ve yankının alınması arasında geçen süre engelin uzaklığını ölçer.

Bir avın bulunduğu uzaklığı bilmek yarasaya yetmez, ayrıca yönü de belirlemek gerekir. Hedef, hayvanın tam önünde ise; her iki kulak da yankıyı tam tamına aynı saniyede duyacaktır. Eğer sağdaysa, sağ kulak sol kulaktan *önce* duyacaktır: Ses dalgasının aldığı yol, bu kulak için öbür kulak için olduğundan daha kısadır *(yukarıdaki resme bakınız)*. Yarasa iki geliş arasındaki zaman farkını tam olarak hesaplar. Söz konusu olan, saniyenin birkaç yüz milyonda biridir! Bundan yola çıkarak, yarasanın "bordadaki hesap makinesi" avın yönünü hesaplar.

Bundan başka bir de, nesnenin toprağa olan yüksekliğini kestirmek gerekir: Kelebek, yarasanın üstünde midir; altında mıdır? Kocaman kulakları ona bu bilgiyi sağlayacaktır. Yankı, yarasaya iki ayrı yoldan ulaşır. Birinci bir ses itkisi (empülsiyon) direkt olarak işitsel kanala girer, bir diğeri biraz daha geç, işitsel kanalın üstünde dikilen kulak kepçesinin tepesine yansıdıktan sonra ulaşır. Saniyenin birkaç milyonda biri kadar olan süre, avın ya da leşçinin yüksekliğini belirler.

Özetle, yankının analizi yarasanın, hedefin uzaklığını ve yönünü bulmasını ve hesaplamasını sağlar. Yarasanın zigzag uçuşu, onu bu bilgileri her an yeniden değerlendirmek durumunda bırakır.

### Avın Hareketi

Yarasanın göz diktiği kelebek hareketsiz değildir, boşlukta yer değiştirir. Kelebeği yakalamak, yörüngesini saptamayı yani hızını ve hızının artışını sürekli olarak hesaplamayı gerektirir. Burada yarasa, otoyoldaki jandarmalarımızın tekniğini kullanır: dalgaboyları arasındaki zaman farkını (Doppler kayması)[46]. İlke şudur: Uzaklaşan bir hedef, çıkarılan sesten daha kalın bir yankı döndürür. Hız ne kadar yüksekse, dalgaboylarının farkı o kadar büyük olur. Yaklaşan bir nesne için de bunun tersi geçerlidir. Yarasa, en fazla yüzde bir olan bu zaman farkını hesaplamayı bilir! Böylece sürekli uçuşunu ayarlayarak avına yaklaşır, onu yakalar ve bir lokmada yutar.

### Avı Tanımlamak

Ses dalgası daha başka bilgilerin de taşıyıcısıdır. Hedefin doğası nedir? İştah kabartıcı bir gece kelebeği mi, yoksa kötü bir yırtıcı kuş mu? Yarasa yine Doppler kaymasına başvurur. Sineğin kanat çırpışı, yayılan yankıda değişken bir zaman

Yarasanın sonarıyla uyarılan böcek gerisin geri çark eder.

farkına neden olur. Gece kelebeği arıdan daha yavaş uçar. "Ses imzası" aynı olmayacaktır. Serbest düşüşteki ölü bir yaprak için uğraşmaya değmez.

Ancak bu işitsel olaylardan faydalanan tek hayvan yarasa değildir. Bazı sinekler, yarasanın ses ötesi çığlıklarını tespit ederler. Ölü yaprakları oynayan sinekler, alarm sona erdiğinde yeniden uçuşa geçmek üzere kendilerini uyuşuk uyuşuk toprağa bırakırlar. Kandırılmış yarasanın çığlıklarını artık duymazlar. Başka sinekler zigzag devinime geçerler. Daha başkaları, leşçilerinin sese dayalı yön bulma mekanizmasını bozacak şekilde ayarladıkları sesler yayarlar. Doğa, tek bir türün yaşam koşullarını kolaylaştırmaz. Fizik kanunları herkes için geçerlidir...

### Değişen Frekans

Radyo alıcılarımız (tuner) iki tip sinyale duyarlıdır: AM ve FM. AM'de (değişen genişlik) ileti, frekansı sabit kalan radyo dalgasının genişlik derecesindeki değişiklikle iletilir. FM'deyse (değişen frekans) iletiyi taşıyan, frekans değişikliğidir.

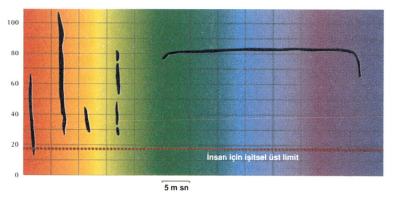

*Farklı türden yarasaların attığı çığlıkların frekans ve süre tablosu.*
Solda, frekansları hızla düşen dört çığlık. Sağda, saniyede 80.000 titreşimlik bir frekansa sahip, 35 milisaniyelik uzun bir çığlık.

Yarasaların vericileri bu modların ya birini ya da diğerini kullanır. Her birinin kendine göre avantajları ve sakıncaları vardır. Avın varlığını saptamak ve hızını belirlemekte AM modu daha üstündür: Yankılar daha yoğun, zaman farkı ölçümleri daha kesindir. Ancak hedefin doğasını tanımlamak ve uzaklığını belirlemek için FM modu daha uygundur: Her frekans, hedefin ayrı bir görüntüsünü verirken; yayılımının kısa süresi yankının gecikmesini daha iyi hesaplamayı sağlar. Öyleyse hangisini seçmeli, sabit frekansı mı frekans değişikliğini mi?

Kurnaz yarasalar sırayla her iki modu da kullanırlar. Dolayısıyla sabit frekansın avantajlarıyla (daha iyi tespit, daha iyi hız ölçümü) değişken frekansın avantajlarını (daha iyi görüntü analizi, daha iyi mesafe hesabı) birleştirirler. Ayrıca, ava yaklaşırken çığlıklarının frekansını sürekli olarak artırarak –saniyede 200 dalga dizisine kadar!– bilgilerin niteliğini daha iyi hale getirirler.

Bu teknikler[47] askeri mühendislere özellikle tanıdık gelecektir. Gizli tutulmaları şart olmasaydı, bize aynı terimlerle "tarayıcı başlıklı misillerden" bahsederlerdi. Bir düşman uçağının avlanışını betimleyerek, son vuruşa dek alınan sinyallerin tespitini ve sürekli analizini anlatırlardı.

### Armoniler

Yarasalar, Pisagor'dan uzun zaman önce ses armonileri olgusunu tanımayı ve bundan yararlanmayı bilmişlerdir. Kemancının dokunduğu tel, bir çok frekansta titreşir. Birinci bir ses, telin iki uç arasındaki bütünsel hareketinden ileri gelir: Bu, "temel" notadır. Buna, telin ortasındaki sabit bir noktada bir başka hareket eklenir. Yayılan ve bir öncekinden iki kat daha güçlü olan frekans, "birinci armoni" adını alır (dalgaboyu iki kat daha kısadır). Başka armoniler de gitgide daha çok sayıda duraklama noktasına ve dolayısıyla daha tiz seslere karşılık gelirler *(arka sayfadaki şekle bakınız)*.

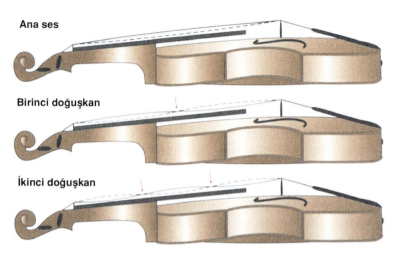

Keman teli birçok farklı biçimde titreşir. Telin tamamının hareketi, temel sesi verir. Hareketsiz (boş) noktalarla belirlenen titreşimler armonileri doğurur.

Yarasanın ses telleri de, aynı keman gibi hem temel bir nota (saniyede 30.000 titreşim) hem de bir çok armoni (saniyede 60.000, 90.000 vb. titreşim) yayar. Yüksek frekanslar çok uzağa yayılmazlar; hava çabucak onları sönümler. Buna karşılık temel notadan çok daha ince bir görüntü sağlarlar. Yarasa burada da ikili oynar. Gırtlağı, her armoninin genişlik derecesini aynı anda kontrol edebilir. Yarasa hedeften uzakken, içe daha çok işleyen temel notayı kullanır; ancak hedefin yakınında gitgide daha yüksek armonilerin yayılmasını sağlayarak görüntünün niteliğini sürekli yükseltir.

Yarasaların olağanüstü hünerleri, onları destekleyen fiziğin bilinmemesi dolayısıyla uzun zaman bilgimizin dışında kaldı. Aynı şey, kendi vücudumuz için de geçerlidir! Robot üreticileri uzun zamandan beri bilmektedirler: Yürümeye ve koşmaya yarayan kasların eşgüdümü bir mucizeyi andırır. Sindirim, organik kimyacılar tarafından aydınlatılmadan çok önce de midemiz tarafından yönetilmekte olan mucizevi bir dizi kimyasal işlem içerir. Hele beyin! Şimdilerde popüler olan bilgisayar benzetmesi, herşeyden çok bizim cahilliğimizi yansıtır. Karşılıklı işleyişleri arasında benzetme yapmak, imgelemimizi sınırlar. İnsan beyninin meyvesi olan bilim, beynin işleyişini nereye kadar anlayabilir? Soru, açıktır.

## Göçler

Ağustos ayının sonlarına doğru kırlangıçlar bizi terkederler. Nereye giderler? MÖ. IV. yüzyılda Aristo doğru yanıt verir: Bazı kuş türleri kışı ılıman iklim bölgelerinde geçirecekler. Ancak bu fikir uzun zaman yadsınır. Carl von Linné'ye göre kuşlar, kurbağalar gibi, büyük soğukların gelişiyle kış uykusuna yatar. Düş gücü daha yüksek olan bir İngiliz, kuşların 60 günlük bir yolculuk sonrası Ay'a sığındığını ileri sürer!

Göç olaylarının analizi, çağdaş bilimin en heyecan verici alanlarından biridir. Fizik, kimya ve biyoloji, jeoloji ve gökbilimle içiçe geçmiş halde bu alanda yer alır. Çalışmalar, canlı varlıkların mucizenin ve inanılmazın sınırında yer alan, doğa olaylarını kendi lehlerinde kullanmaktaki olağanüstü yeteneğini açıklar. Bu durum karşısında bazen biz de, Ovidius gibi *(sayfa 30)* donakalacağız. Bu bölümde sunulan sonuçlar, genel olarak güvenilen kaynaklara dayanmaktadır[48]. Ne var ki, her an mucizeyle karşı karşıya kaldığımız bu alanda serinkanlılığımızı korumak ve ihtiyatı elden bırakmamak yerinde olur.

### *Pusula ve Harita*

Deniz üstünde ya da çölde yolculuk eden birine iki gereç şarttır: pusula ve harita. Pusula, yolcuya kuzeyi gösterir. Yolcunun, ön harita çalışmasında belirlenmiş olan yönü kaybetmemesini sağlar. Pusula yolcuya tüm yolculuğu boyunca kılavuzluk eder, ancak hedefe yaklaşmada yeniden harita belirleyici olur.

## Güneş

Güneş, pek çok göçmen kuş için fener görevi görür. Kuşlar, burnu aydınlıkta karanlıkta olduğundan daha iyi bulur. Ancak sorun şudur ki; Güneş gökyüzünde hareketsiz değildir. Güneye göç eden bir kuş Güneş'i sabah solunda, öğle vakti tam önünde, akşamsa sağında görür *(yan sayfadaki resme bakınız)*. Ancak kuş, tüm gün boyunca "güneyi kaybetmemek" için gerekli düzeltmeleri yapar.

Bu gibi davranışları açıklamada kuşbilimcilerin yardımına yıldızlıklar\* koşar. Toprakta, bir uçuş pisti göçmenlerin havalanmadan yön seçimlerini yapmalarını sağlar. Güneş'i sürekli olarak güney yönüne aldığımızda, öğle vakti kuzey-güney doğrultusunda göçmen kuşlar görülür, bu aldatıcı yıldız karşısında verdikleri tepkiler gözlemlenir. Önce, tahmin edileceği gibi Güneş'e doğru yönelirler. Ancak öğleden sonra, Güneş'i gitgide daha çok sağlarına alacak şekilde sürekli olarak doğuya yönelirler. Tıpkı gerçek bir göç sırasında olduğu gibi! Kuşun yön bulma sistemi açıkça, onun Güneş'in hareketini reel zamanda telafi etmesini sağlayan içsel bir saat barındırır.

Avrupa'da XIV. yüzyıla doğru kesin saatlerin hazırlanması ve kullanıma sunulması, okyanus denizciliğinin temel faktörlerinden biri olmuştu. Denizciler, bu aletler sayesinde Güneş'in hareketini telafi edebilmiş ve böylelikle geminin pozisyonunu kesin olarak bilebilmişlerdir. Biyolojik araştırmalar yakın tarihte, fizyolojik fonksiyonları düzenleyici, içsel saatlerin varlığını (geceleyin uyumak, sabahleyin işemek vs.)

---

\* gök olaylarının, yıldızların, Güneş, Ay ve gezegenlerin konumlarını, devinmelerini küresel bir kubbe içinde izdüşürücülerle gösteren yapı. (ç.n.)

Güneye yönelen bu kuş, Güneş'i sabah solunda, öğle vakti tam karşısında, akşamsa sağında görür. Kuş, içsel saatleri sayesinde bu yer değişiklerini telafi edebilir ve Güneş'in konumunu günün her saatinde kılavuz olarak kullanabilir.

ortaya çıkardı. Uzun süreli uçuşlarda ortaya çıkan zaman farkı sorunları *(jet lag)*, bu içsel saatlerle saat dilimi değişiklikleri arasındaki uyuşmazlıklardan ileri gelir[49]. Bu saatlerin biyokimyasal mekanizmaları yoğun araştırmalara konu olmaktadır. Bazı hayvanlarda, birden fazla ve birbirinden bağımsız saat bulunabilir.

Bazı göçmen kuşlar doğru yönü, kısmen kapalı bir havada, Güneş görünmüyor olsa bile kaybetmezler; gökkubbedeki mavi ışığın polarize olmasından faydalanırlar *(sayfa 83)*. Gökyüzünün ışınımı, Güneş yönünde dikey bir düzlemde polarize olur. Gözümüz, bu olaya duyarsızdır. Güvercinler, ayrıca bazı karınca türleri, bulutlar arkasındaki Güneş'in yerini belirlemekte bu olaydan faydalanırlar. Ne var ki bu yön bulma yöntemini keşfedebilmek için önce elektromanyetik dalgaların özelliklerini bilmemiz gerekiyordu...

*Gece Yolculuğu*
Serçe büyüklüğünde küçük bir kuş olan mavi sarıasma kuşu, yılda iki kez A.B.D.'nin doğu kıyısı boyunca büyük bir gece yolculuğuna çıkar. Sarıasma kuşu geceleyin uçar. Kararan gökte ilk takımyıldızlar belirdiğinde havalanmaya hazırlanır.

Yıldızlığın yıldızlı göğünde kalkış yönünü doğru belirler. Mayıs ayında, kuzeye, Kutup Yıldızı doğrultusunda uçmaya hazırlanır. Kurnazlık edip gökkubbeyi çeyrek tur (90 derece) döndürelim. Artık Kutup Yıldızı doğuda yer alır. Bu yıldıza sadık kalan kuş, yüzünü yıldıza verecek şekilde yer değiştirir. Şimdi de kurmaca yıldızları söndürerek yalandan bir bulut tabakası oluşturalım: Kuş artık havalanmaya çalışmaz. Hiç hatasız, mavi sarıasma da eski zaman denizcileri gibi yıldızlara göre yön bulur!

Güneş'in tersine, Kutup Yıldızı'nın gökyüzünde yer değiştirmeme gibi iyi bir huyu vardır. Kuşlara işaret noktası olan gerçekten Kutup Yıldızı mıdır? Kutup Yıldızı'yla birlikte gökkubbenin önemli bir bölümü de söndürülür. Kuş yine doğru olarak yönlenir. Görülebilen birkaç takımyıldız ona yeter: Örneğin enlemlerimizde daima varolan Büyük Ayı ya da Kraliçe.

Kuşlar da Kutup Yıldızı'nı, bizim gibi Büyük Ayı "cezvesinin" kenarını beş kat uzatarak mı işaretliyorlar? Kafalarında bir gökyüzü haritası mı var? Türün devamı olan kuşlar, yer ekseninin periyodik hareketlerine (ekinoks devinimleri) nasıl uyum sağlar? 13.000 yıl önce kuzeyi gösteren Vega yıldızıydı!

Şimdi gökyüzünün tamamını Orion takımyıldızındaki İkizlerevi yıldızı etrafında çevirelim; sarıasma kuşu Betelgeuse'e doğru yönelir. Bazı bilim adamları bu kuşların, yıldızların gökyüzündeki *hareketini* kullanarak hareket etmeyen Kutup Yıldızı'nı belirlediklerini düşünüyor. Bu durumda

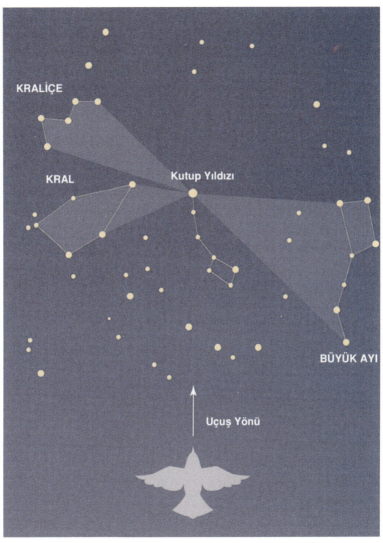

Gece göçmenleri olan mavi sarıasma kuşları, yıldızlara ve takımyıldızlara göre yönlerini bulurlar.

kuşların gözleri, olağanüstü yavaşlıktaki hareketleri saptayabilme yeteneğine sahip olurdu. Hangimiz gökyüzünde hareket eden bir yıldız görebiliyor (kayan yıldızlar hariç)? Bilimsel araştırmalar bazen polisiye roman havasında oluyor...

## Manyetizma

Deniz kaplumbağaları her yıl, doğdukları Karayip plajlarını terkeder ve birkaç bin kilometre uzakta küçük bir kayıp Atlantik adacığına giderler. Manyetik bir yönelimden kuşkulanan araştırmacılar, esnek bir koşmayla donatılmış kaplumbağaları manyetik bir laboratuar alanına koyulmuş bir havuza yerleştirirler. Tahmin edildiği gibi, alanın yönü yapay olarak değiştirildiğinde kaplumbağalar da yön değiştirir.

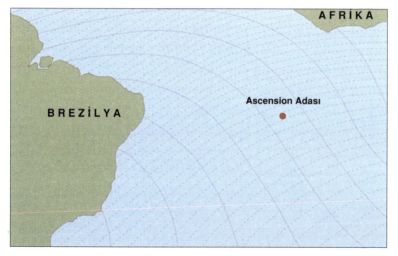

*Güney Atlantik'teki manyetik alan varyasyonları.*
Alanın yoğunluğu, düz çizgiler üzerinde sabittir; kesik çizgiler üzerinde dikey çizgilerle yaptığı eğim açısı sabittir. Bazı kaplumbağalar, bu jeomanyetik haritanın bir dengini kullanarak Atlantik'in ortasındaki Ascension Adası'nı bulur.

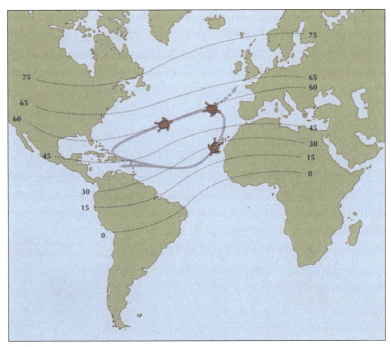

*Bir kaplumbağa türünün Gulf Stream boyunca izlediği rota.*
Bu akım, Portekiz açıklarında iki kola ayrılır. Kollardan biri İngiltere'ye doğru giderken, diğeri Mauritius'a doğru gider. Kuzey Atlantik'in soğuk sularında ölme tehlikesiyle karşı karşıya kalan kaplumbağalar, Sargassos Denizi'ne doğru sağa dönmek zorundadır. Manyetik yer alanı 60 derecede saptığında dönme zamanının geldiğini bilirler.

Pusulanın, böyle uzun yolculukların başarıyla tamamlanmasına yetmediğini hatırlatalım. Bir de harita gerekir. Yer yüzeyindeki manyetik alanın yalnızca yönü değil, ayrıca yoğunluğu da değişir. Enleme ve boylama karşı gelen bu iki bilgi manyetik haritalar çizmeye yeter *(yandaki haritaya bakınız)*. Kaplumbağaların bu tür haritalar kullanıyor olması, kaplumbağalarda aşırı duyarlı detektörlerin bulunduğu anlamına gelir. Bu varsayım, bir başka göçmen kaplumbağa türü üzerinde yapılan araştırmalarla doğrulanır. Doğumlarından hemen sonra Meksika Körfezi'ni terkeden kaplumbağalar, Gulf Stream akıntısını izleyerek Atlantik'i geçer ve ardından çıkış yerlerine geri dönerler. Ancak sorun şudur ki; Gulf Stream, Portekiz açıklarında bir yerlerde iki kola ayrılır. Kollardan biri Britanya Adaları doğrultusunda kuzeye yönelirken diğeri Mauritanius kıyısı boyunca uzanarak güneyden Amerika'ya geri döner. Kaplumbağalar Kuzey Atlantik'in soğuk sularında kesin bir ölümü engellemek için kesinkes akımın güney kolunu izlemek zorundadırlar. Peki ama nasıl bilecekler? Manyetik detektörleri devreye girer. Ne kadar kuzeye gidilirse, manyetik alanın yönü o kadar dikey hale gelir *(sayfa 80)*. Kaplumbağalar, alan açısı 60 dereceye ulaştığında güneye dönme zamanının geldiğini bilirler[50].

Yerin manyetik alanı, durumu kolaylaştırmamak için zamana bağlı önemli değişiklikler geçirir *(sayfa 80)*. Milyonlarca yılda birkaç kez ters döner ve bazen de hızlı yerel değişimler geçirir. Uygun testler, bu hayvanların manyetik detektörlerini astronomik göstergelere (Güneş ya da Kutup Yıldızı) göre "yeniden ayarlamayı" bildiklerini gösteriyor. Yani haritaları sürekli güncelleşir.

*Kulaklar*

Bir ses ne kadar alçaksa, atmosferde dağılması o kadar kolay olur. Gök gürültüsünü kilometrelerce öteden duyarız. Kulaklarımız saniyenin yüzde birinden az süren (saniyede 100 titreşim) sesleri algılamaz. Filler ve balinalar, yüzlerce kilometre öteden algılayabildikleri, saniyede yaklaşık 20 titreşimlik ses sinyalleriyle iletişim kurarlar. Bütün kategorilerde şampiyon olan, güvercinlerdir. Saniyede titreşimin onda biri (ya da 10 saniyelik bir süre, yani bizim için geçerli olan sınırın 1000 katı uzunlukta) değerinde sesötesi sinyallere duyarlı olan bu hayvanlar binlerce kilometre öteden

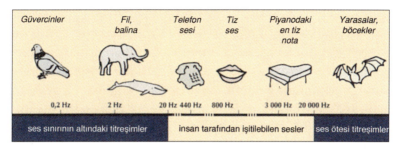

*Canlılar tarafından işitilebilen sesler.*
Bir Herzt (Hz) saniyede bir titreşime karşılık gelir. Güvercinler saniyede yüzde birlik birkaç titreşim dilimi algılarken yarasalar saniyede yaklaşık 100.000 titreşim (sesötesi) algılar.

gelen gürültüleri duyabilirler. Kıyı falezlerindeki okyanus dalgası çatlaması ve yüksek dağlardaki vadilere hızla giren rüzgar yelleri bu kanatlı yolcuların "ses haritalarındaki" güvenilir işaretlerdir.

### Burun

Her yıl somon sürüleri okyanusu terk eder, nehirlere girer, ırmaklar ve çaylar aşar. Uzun bir yolculuk sonunda bir önceki seneki yuvalarını bulurlar. Ancak burunları tıkanır ya da yollarına kokulu bir sıvı dökülürse herşey bozulur. Kelimenin tam anlamıyla "burunlarının dikine giderler".

### Yer Ezberlemek

Coğrafi sınırlar, deniz kıyıları, nehirler ve dağlar göçmenler için birer işarettir. Yollarının topografisini iyice ezberlemiş olan göçmenler, ilk pilotların "göz kararı uçması" gibi bu işaretleri takip ederler.

Sığırcık kuşlarının bir türü, her bahar Hollanda'dan Britanya'ya göç eder. Araştırmacılar geceleyin bir grup kuşu, Hollanda'dan İsviçre'ye taşır ve göç dönemlerinde serbest bırakırlar. En gençleri güneybatıya (Hollanda-Britanya uçuşu pusulası yönünde) yönelir ve İspanya'ya ulaşırlar. En yaşlılarıysa tuzağı sezer ve Britanya'daki kışlık mahallelerini bulurlar. Coğrafi belirtiler –önceki yolculuklarının anıları– rotalarını düzeltmelerini sağlamıştır. Bu örnek göçmenlerin önemli bir özelliğini açıklar: Aynı anda birden çok yön bulma yöntemi kullanırlar, bilgiler çelişiyorsa –burada pusula ve haritanın çelişmesi gibi– genelde doğru bilgiyi seçmeyi bilirler[51].

Yol risklerini en aza indirmek, uzun süreli bu yolculuklarda önemli yer tutan bir gerekliliktir. Örneğin hesapta olmayan bir konaklamanın ölümcül olabileceği bölgelerden (denizler ve kurak çöller gibi) kaçınmak. Bazı çalıbülbülleri her sonbahar İsviçre'den Zaire'ye giderler. En kısa yol, Akdeniz ve Sahara üzerinden tehlikeli bir uçuş gerektirecektir. Çalıbülbülleri önce Fransa'nın güneyi ve İspanya üzerinden, oradan da aşılacak su uzantısının en az düzeyde olduğu Gibraltar Boğazı üzerinden geçen bir başka rota izler. Sonra Batı Afrika'daki ekvator ormanlarını takip eder ve böylece çöl bölgelerinden büyük ölçüde kaçınmış olurlar. Bu durumda, en yüksek güvenlik düzeyini de

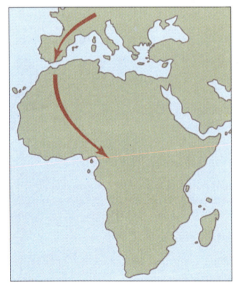

Çalıbülbülleri Avrupa'dan Orta Afrika'ya göçerken Akdeniz'i Gilbatar'da aşar, böylelikle uzun ve tehlikeli deniz aşırı yolculuklarını en alt düzeye indirmiş olurlar.

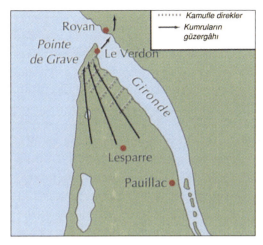

Kuzey Afrika'dan gelen orman kumruları Fransa'nın güneybatı Atlantik kıyılarını takip eder ve Gironde'u Grave Burnu'ndan geçerler. Kıyıya yerleştirilmiş binlerce kamufle direk avcılara kumruları yakalama olanağı sağlayarak, bu türün sayısının giderek azalmasına yol açmakta ve soylarının tükenmesi tehdidini doğurmaktadır.

Yıldan yıla sayıları azalan orman kumruları, Médoclu avcılar tarafından sürekli, kitleler halinde öldürülmektedir.

koruyarak amaca ulaşmak için coğrafi göstergeler ve manyetik pusula birlikte kullanılır.

Her yıl on milyonlarca üveyik, Fransa'nın güneybatısı üzerinden Kuzey Avrupa ülkelerine uçar. Medoc'a vardıklarında Garonne Halici kıyısını takip eder ve suyun üstünden uçacakları mesafenin en kısa olduğu Royan'da suyu geçerler. Avcılar, üveyikleri yakalamak için bütün sahil şeridine binlerce direk dikmiştir. 1998 yılının Mayıs ayında, eşim Camille'le birlikte Kuşları Koruma Derneği'nin (LPO) soyu tükenme tehlikesiyle karşı karşıya olan[52] bu türü kurtarmak için düzenlemiş olduğu bir gösteriye destek verme fırsatını bulduk.

Göçmenlerin yön bulma tekniklerinin tamamını saydık mı? Bazı kuşbilimcilere göre, bilinen yöntemler göçmenlerin sahip olduğu hünerlerin hepsini açıklamaya yetmez. Biz yalnızca; gezgin güvercinlerin davranışının, manyetizmanın keşfinden önce açıklanamadığını ve yarasaların karanlıkta uçmasının sırrının, sesötesinin bilinmesiyle aydınlandığını hatırlatalım. Bilim ve teknolojideki ilerlemeler, belki daha başka yön bulma tekniklerinin varlığını ortaya çıkaracak ve böylelikle teknolojik ufkumuzu daha ileriye götürmüş olacak[53].

## Öğrenmek

İlkbaharda, günler uzadıkça yabankazları Kuzey Buz Denizi'ne doğru uçmaya hazırlanırlar. Ne zaman yola çıkılması gerektiğini nereden bilirler? Yavru baştankaralar neden düzenli olarak zehirli sineklerden kaçar? Yanıt, genetik kodlarını devreye sokar. Yaşamın kullandığı bilgi dili sayfa 133'te anlatılmıştı. DNA adındaki programlar, dört harften (A, C, G ve T) oluşan uzun dizilerden meydana gelir. Genetik kod, hücre çekirdeğine bu alfabe ile yazılır. Hücre mekanizması tarafından doğru biçimde yorumlanan her şekil, iyice belirlenmiş bir organizma faaliyetine karşılık gelir.

Bu bilgiyi nereden alırlar? Ana babalarından, elbette. Başka? Tarihsel olarak bu bilgi, soyun genlerine nasıl yazılır? Yanıt, organizmaların sürekli adaptasyonunu (uyum sağlama) devreye sokar. Bilgi, milyonlarca neslin uzun geçmişinin sonucudur. Genetik kodda depolanan bilgi, ardışık dönüşümler ve doğal ayıklama sonucu iyileşerek dönüşür. Kazlar, doğru uçuş yönünü bulmak için gerekli olan bilgileri buradan alırlar.

Kuşbilimci bir dostum, bir gün beni baştankaraların davranışını gözlemlemem için Sologne'a davet etti. Pencereye açılan pencerenin yakınındaki bir dala atlıkarınca biçiminde, sarmalımsı, tuhaf bir yapı astı. Yapının üzerine tünekler, çeşitli boyutlarda odacıklar ve devrik levhalar yerleştirilmişti. Bir alt kattaysa, baştankaraları ayçiçeği taneleri bekliyordu. Ancak bedava değil; önce hak etmeleri gerek. Belirli bir düzen

Yabankazı (Kanada akbaşı) her yıl Arktika'dan tropikal bölgelere göç eder.

içinde bir dizi işlemi tamamlamalılar: uygun tüneklere çıkmak, bazı hanelere girmek ve birkaç platform devirmek vs.

Baştankaralar başta, çalışkanca çabalar fakat fazla başarı sağlayamaz. Bazıları hiç başaramaz. Bunun tersine bazıları da büyük çabalardan sonra, öngörülen yolu aşar ve ödülüne ulaşır. Geri döner ve bu kez daha hızlı olarak parkuru tamamlarlar. İkimiz de küçük bir dişinin becerikliliği karşısında hayrete düşmüştük. Göz açıp kapayıncaya kadar doğru tüneklere çıkmış, doğru platformları devirmiş ve ganimetiyle birlikte havalanmıştı. Gözlerimizle takip etmekte zorlanmıştık. Doğru stratejiyi kurmak ve ezberleyebilmek için önceki başarısızlıklarından yararlanmayı bilmişti.

Bir girişimi mümkün olan en iyi duruma getirmeyi amaçlayan bu karakteristik işlemler dizisi, canlı varlıkların davranışlarının pek çok alanında bulunur. Bağışıklık sistemi (ayrıca dil öğrenmek, bilimsel çalışmalar) bunun iyi bir örneğidir.

*Bağışıklık Sistemi*

Her an, her tür davetsiz misafir vücudumuza girebilmek için doğal deliklerimizden, yaralardan, hatta sıyrıklardan bile faydalanır. Organizmamız bundan nasıl yakasını sıyırır?

Bu işlev, kandaki akyuvarlara verilmiştir. Her kan yuvarı, bir tür özel anahtara (moleküler bir konfigürasyona) sahiptir. İşgalcilerde, örneğin tüberkülozun sorumlusu Koch basillerinde bir kilidin dengi vardır. Kan yuvarlarının işi, para kasasını açmak için anahtarlığında doğru anahtarı arayan soyguncunun işinden farklı değildir. Genellikle bir sürü başarısız denemeden sonra, bir kan yuvarının anahtarı kilidine girdiğinde saldırganın kimliği tespit edilir. Böylece yok edilir ve elenir. Muzaffer kan yuvarı derhal çoğalmaya hazırlanır. Aynı anahtara sahip, yani istenmeyen konukları tespit edip yenebilecek bir türdeşler ordusu doğurur.

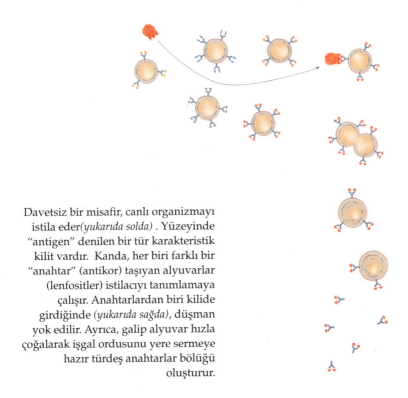

Davetsiz bir misafir, canlı organizmayı istila eder *(yukarıda solda)*. Yüzeyinde "antigen" denilen bir tür karakteristik kilit vardır. Kanda, her biri farklı bir "anahtar" (antikor) taşıyan alyuvarlar (lenfositler) istilacıyı tanımlamaya çalışır. Anahtarlardan biri kilide girdiğinde *(yukarıda sağda)*, düşman yok edilir. Ayrıca, galip alyuvar hızla çoğalarak işgal ordusunu yere sermeye hazır türdeş anahtarlar bölüğü oluşturur.

Ancak olası kilitlerin müthiş çeşitliliği sorun yaratır. Bakteriler, virüsler, dev moleküller arasında etkisiz hale getirilecek farklı davetsiz misafir sayısı tam anlamıyla astronomik boyutlara ulaşır. Tespit çabalarının başarıya ulaşması birkaç saat, hatta birkaç güne kadar uzayabilir. Bu süreden faydalanan bir hastalık bakterisi, daha çok toprak ele geçirebilir ve bağışıklık sisteminin gecikmeli müdahalesini yetersiz kılabilir.

Organizma ilk saldırıyı –örneğimizde Koch basili saldırısını– püskürtmeyi başarırsa, muzaffer kan yuvarlarının yedekleri hastanın kanında dolaşmayı sürdürecektir. Sayıları

*Bağışıklık sisteminin, organizmadaki düşmanları yok etmek üzere doğurduğu bir antikor örneği. Antikorun özel biçimi (burada Y) kilide giren bir anahtar gibi işleyerek istilacının doğasını tanımlar. Boyutlar, milimetrenin binde birinden küçüktür.*

sayesinde aynı davetsiz misafirlerin ikinci bir saldırısını da hızla tespit edip başarıyla püskürteceklerdir. Daha bildik terimlerle söylersek, organizma şu an "kendini aşılamıştır". Bağışıklık sistemi, geçen yıllar süresince bu şekilde büyük sayıda virüs ve hastalık bakterisini hızla elemeyi "öğrenir". İşte çocukların iki defa kabakulak geçirmemesinin sebebi[54]. Bu anlamda, tam da kuşbilimci dostumun baştankaraları gibi, organizma başarısını artırmak için önceki yaşantılarını ezberinde tutar ve kullanır[55].

### Karmaşık Adaptatif Sistemler

Konuşmayı öğrenen çocuk, etrafında telaffuz edilen sözleri dikkatle dinler. Sonra sözcükler ve tümceler kurmaya kalkışır. Yakınlarının olumlu ya da olumsuz tepkilerine göre, dilini sürekli olarak daha iyi hale getirir. Örneğin; "k" ile biten sözcükler (tarak) –i eki aldıklarında "k"nin, "ğ" olduğunu (tarağı) aklına yazar. Ne ki "oğu" dediğinde, onaylamayan bakışlar ona istisnalar olduğunu belirtir. Böylece kafasında, ikinci bir özellik olarak doğru konuşma yeteneği kurgulanır. Çocuk konuşmayı "deneme yanılma" yoluyla öğrenir.

Ayçiçeği tanelerine pek düşkün baştankaralar, davetsiz misafir peşinde koşan akyuvarlar, büyükleri dinleyen çocuklar pek çok davranış benzerliği gösterirler. Bu davranışlar "karmaşık adaptatif sistemler" adı altında toplanır. Her durumda, bir sürü "olguyu" inceleyen bir "gözlemci" vardır. Deneme yanılma yoluyla, olguları bir "amaca" göre düzenlemeye çalışır ve "başarıları" kaydeder. Bu başarılar, doğrulanmaları ve seviyelerinin yükselmesi umuduyla yeni olgu testlerine tabi tutulur.

Bu adaptatif sistemlerin özel faaliyeti, karmaşıklığın oluşumunda önemli rol oynar. Amipten insana varan biyolojik evrimden büyük oranda sorumludur. Bu sistemlerin temel özelliği, ki bu da geçmiş yaşantılardan yararlanarak davranışın başarısını artırmaktır, kuşaktan kuşağa aktarılır. Başta yavaş olan öğrenme yeteneği, gitgide ivme kazanır. Hızlanır, bazı durumlarda neredeyse üslü oranlarda adeta "çığ gibi büyür". Göçmenlerimiz bundan mutlaka büyük oranda yararlanmışlardır.

Bu büyüleyici yetenek evrende nerede ve nasıl ortaya çıktı? Kozmik karmaşıklığın artışı sırasıyla nükleonların, atomların, moleküllerin oluşumunu ve buna paralel olarak galaksilerin, yıldızların ve gezegenlerin yoğunlaşmasını gerektirir. Ne ki bu yapıların hiçbiri kendi davranışını olası en iyi duruma getirecek yetenekte değildir. Yaşamsal faaliyetlere sahip proteinler ve diğer dev moleküller de aynı şekilde bu yetenekten yoksundur. Canlıların gelişimden önceki sistemler, bilgiyi yönetmeye ne zaman başladı? İlkel yapılardan günümüzdeki adaptatif sistemlerin inceliğine varan kesintisiz bir geçiş süreci akla yatkın görünüyor. Kuşkusuz bu sorun, yaşamın kökeni sorununa sıkı sıkıya bağlı.

## Bildiğini Bilen Bilgi

> *Kırkayak mutluymuş, hem de çok mutluymuş.*
> *Ta ki şakacı bir kurbağa*
> *Ona şöyle sorana dek: "Söylesene Allah aşkına,*
> *Adımlarını hangi sırayla atıyorsun?"*
> *Bu onu öyle kaygılandırmış, öyle kaygılandırmış ki*
> *Nasıl yaptığını bir türlü bulamamış*
> *Ve yuvasında kıpırdayamadan oturmuş.*
>
> ÇİN MASALI

Antik Çağ insanı, kendi vücudunun büyüleyici hünerlerinin hiçbirini bilmez. Kan dolaşımı, XVII. yüzyılda keşfedilmiştir. Sindirimin aşamalarının ışığa çıkarılması, yüz yıldan daha kısa bir zamandan beri bilinmektedir.

Bilimsel çalışma, bütününde devasa bir karmaşık adaptatif sistem olarak düşünülebilir. Bilimin her dalında araştırmacılar, deneme yanılma yoluyla doğanın "sırlarını" çözmeye çalışırlar. "Bildiğini bilen" bu yeni bilgi asırlar boyu gözlemler, sezgiler ve kuramlar arasında geçen verimli bir konuşma sonucunda oluşmuştur. Bilim adamları, Çin masalındaki yuvasında hapis kalan mutsuz kırkayak için bir "bilgi kitapçığı" hazırlarlar.

Bu bilinçli bilgi, "bildiğini bilmeyen" bilgi karşısında hâlâ oldukça zayıftır. Göçmenler bize bunu hatırlatmak için oradalar. Ancak bilinçli bilgi, diğeri üstünde pek çok avantaja sahiptir. Önce hız açısından: Genetik bilginin geliştirmek için yüz milyonlarca yıl harcadığı davranışları açığa çıkarmamız birkaç yüzyıl sürdü. Sonra esneklik açısından: Bilinçli bilgi hızla uyum sağlayabilir ve tehlikeli durumları düzeltebilir. Yeni antibiyotik ve aşı araştırmaları bunun uygulamalarıdır.

Öte yandan bilinçli bilgi önemli riskler taşır. Modern bilim ve teknoloji, gezegenin geleceğini tehdit eder. Bu noktada gelişmelerin hızı sorunsal hale gelir. "Sera etkisi" bunun bir örneğidir. İklim değişiklikleri, gezegenimiz üzerinde sık rastlanan bir olaydır. Çağlar boyunca, buzul dönemleri ve buzularası dönemler birbirini takip eder. Doğa, uzun dönemlere yayılan değişimlere uyum sağlar. Ancak günümüzdeki teknik ilerlemelerin çılgın ritmi, aşırı kısa adaptasyon süreleri gerektirmektedir. Atmosferimizdeki karbon gazı miktarının son birkaç on yıl içinde gösterdiği hızlı artış, günümüz kaygılarının merkezinde yer almaktadır. Bitki ve hayvan soylarının tükenme oranındaki artış, biyolojik ortamımızın dengesi ve gezegenimizin yaşanılabilirliği konusunda ciddi sorunlara yol açmaktadır. "Bildiğini bilen bilgi" uyum sağlamadığı takdirde bir daha hiçbir şey bilmeyebilir!

# 6
TARTIŞMALAR

Tüm kitap boyunca, maddenin evrimi ve karmaşıklığın artışı tezi benimsendi ve anlatıldı. Ne var ki bu fikir, oybirliği sağlamaktan uzaktır. Tepkiler geniş bir tayfa yayılmıştır, sempati duyanlardan tutun da aşağılayarak reddedenlere dek. Bu bölümde, farklı isimlerin benimsediği karşıt tavırları anlatma yoluyla bu tartışmanın birtakım öğelerini sunacağım. Sırasıyla Stephen Jay Gould, Murray Gell-Mann, Richard Dawkins ve Francis Crick'le, bunların karşısında da Henri Bergson'un düşünceleriyle karşılaşacağız.

### Göktaşına Teşekkürler!

Stephen Jay Gould renkli bir kişiliktir. Kitaplarını okumak daima iç açıcı ve hoştur. Biyoloji, Gould'un kalemiyle yeni bir ruh ve canlılık kazandı. İnanmış fakat bilinçli bir evrimci olan Gould, bazı meslektaşlarının dogmatizmine karşı çıkar ve Darwin kuramına, her ikna edici bilimsel yöntemin olmazsa olmaz özelliği açık fikirliliği yeniden kazandırmaya uğraşır.

Gould evrimde "ilerleme" kavramını dışlar. Afrika savanalarındaki aslanın, bulunduğu ortama, mikrop üremesine elverişli sıvımızdaki bakteriden daha iyi "uyum sağlamış" olmadığını söyler. Bu noktada onunla yalnızca aynı fikirde olabiliriz.

Ancak Gould daha ileri gider ve amipten insanoğluna giden, "okla belirtilmiş" bir evrim düşüncesini yeniden tartışmaya açar. *La vie est belle (Hayat Güzeldir)* adlı kitabında, biyoloji kitaplarımızda yer alan geleneksel "evrim ağacı" imgesine kuşkuculuktan da öte bir bakış açısıyla yaklaşır. Bu şemada, çok çeşitli dalların ortak bir gövdeden çıktığını ve bir sürü türe ayrıldığını hatırlatalım. En üst dalda, kuzenleri maymunların biraz üstüne insanımsılar yuva yapmıştır. Çoğu kez, dört ayaklılıktan ve maymunsu kafatasından iki ayaklılığa ve –genellikle beyaz bir erkeğe ait!– güzel, zeki alına geçişi anlatan resimli bir bölüm de bu diyagrama eşlik eder.

Kanada'daki Rocheuses Dağları'nda, Burgess Shale'de 520 milyon yıllık balık fosilleri gün ışığına çıkarıldı. Gould'a göre, Burgess'te bulunan hayvan türleri çok ender olarak günümüzdeki organizmaların evrimsel atalarına karşılık gelir. Bu antik soyların neredeyse tamamı, hiçbir iz bırakmadan yok olmuştur. Yalnızca "Pikaia" adındaki küçük bir organiz-

Bu tuhaf biçimli hayvan, 520 milyon yıl önce gezegenimiz üzerinde yaşıyordu. Bulunarak Kanada'da, Burgess Shale'deki bir jeolojik çökeltide fosilleştirilmiştir.

ma o dönemdeki atamız olabilir. Gould, bundan şu sonucu çıkarır: Pikaia hayatta kalmış olmasaydı, yeryüzünde insanımsılar ortaya çıkmayacaktı.

Gould aynı esinle, büyük ihtimalle dev bir göktaşı düşüşü *(sayfa 62)* sonucu gerçekleşen dinozorların yok oluşu olayını da kafasında kurar. Bu kıyımın memelilerin evrimini olanaklı kıldığı varsayımını kendi hesabına yeniden ele alır. Gould şöyle der: 'Evrim filmini 65 milyon yıl öncesine kadar "yeniden geriye sardığımızı" düşünelim. Önceden bilinmeyen bir kütle çekimi etkisi sonucu katil göktaşının Yer'i ıskaladığını varsayalım. Sonra filmi yeniden seyredelim. Dinozorlar hâlâ Dünya'dadır; memeliler evrimleşmemiş, türlere ayrılmamış ve... insanımsıları dünyaya getirmemiştir.' Gould'un çıkardığı sonuç, hiçbir şeyin insan bilincinin alnına biyosferde ortaya çıkacağını yazmadığıdır. Gezegenimize çarpacak kadar zevk sahibi olan göktaşına minnettar kalalım! Doğu Afrika'nın on milyon yıl önce yükselişini *(sayfa 64)* yeniden kafamızda canlandıralım. Bazı arkeologlara göre[56], bu olay maymunsuların insanımsılaşmasında önemli rol oynayacaktır. Afrika kabuğunun bu mutlu hareketi, insanımsıları ayakta kalmaya zorlayacaktır.

Gould'un savını özetleyelim: Biyolojik evrim, belirlenmiş olmaktan uzaktır, bütünüyle rastlantısal olaylara bağlı olacaktır, tam olarak *önemsiz* ya da *olumsal* olacak ve hiçbir yere gitmeyecektir[57]. "Ok" yoktur.

Bu radikal tutum, duygularımızı kabartır. Varoluşumuz, sapkın bir taşla matrak bir yer katmanına bağlı olacaktır! Herşey bir göktaşının kaotik yörüngesine ya da yer magmasının konveksiyon hareketinin olasılığına göre oynanıyorsa, metafizik sorgulayışlarımızdan geriye ne kalır? Varolmamızın "dayanılmaz hafifliği" yüreğimizi daraltır.

*Zincirleri Kırmak*

Bölüm 4'te, evrenin ilk zamanlarında gözlem yapan bir bilim adamı düşledik. Bu bilim adamına, kendi fizik bilgilerinden yola çıkarak Evren'in oluşumunu tahmin etmeye çalışma misyonunu verdik. Şimdi de onu (yine oldukça varsayımsal!) bir "yaşamın kökeni" kuramıyla donatalım. Soru: Gezegenin ilk yıllarında, Darwin'in hayvan ve bitki türleri ağacını kurabilecek midir? Dostumuz Gould sayesinde bu soruya, hiç tereddütsüz, olumsuz yanıt verebiliriz.

Ancak bu yanıt, tartışmaya son vermekten uzaktır. Biyolojik determinizmin olumsuzlanması, tamamen olumsal bir

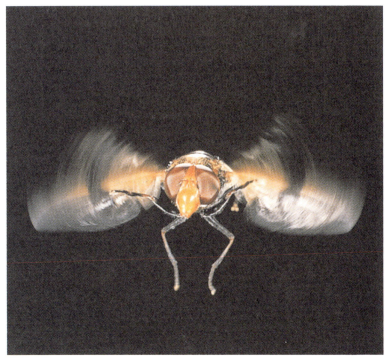

Biyolojik evrim boyunca farklı uçuş teknikleri ortaya çıkar.

evrim fikrini mutlak olarak kabul ettirmez. Mavi algden insana acımasız bir dönüşüm geçiren, programlanmış ve lineer (çizgisel) bir gelişimle bütünüyle yeri ve zamanı belli olmayan bir evrime yol açan bir dizi rastlantısal olay arasında daha sağlam, ve bana öyle geliyor ki, daha gerçekçi[58] senaryolara da yer vardır.

Örneğin uçma yetisini ele alalım. Bu yetinin ortaya çıkışındaki evrimsel süreçte şu ya da bu kazanın oynadığı baskın rolü, belki bir gün keşfedeceğiz. Böylelikle Gould'la birlikte biz de uçmanın tam olarak olumsal olduğunu ve bu kaza olmadan hiçbir bülbülün bahar gecelerimize ses vermeye gelmeyeceğini savlamak durumunda kalırdık.

Ne var ki önemli derecede anlamlı bir olgudan söz etmemiz gerekiyor: *Uçma yetisi evrim boyunca bağımsız olarak birkaç kez ortaya çıkmıştır.* Birçok hayvan soyunda son derece farklı uçma teknikleri bulunur: kuşlar, yarasalar, sinekler, uçan balıklar gibi. Yapılarının çeşitliliğine rağmen, bu tekniklerin ortak bir özelliği vardır: Havada gerçekleşirler.

Uçma, rekabetin ortalığı kasıp kavurduğu bir dünyada önemli bir uyum kolaylığı sağlar. Uçmanın ortaya çıkışında hiçbir "programlama", önceden yapılan hiçbir belirleme gerekli değildir. Uçmanın varoluşu iki temel öğeye bağlıdır. Öncelikle, Ovidius'un savlarına karşıt olarak, uçma fiziksel olarak mümkündür; mucizeye bağlı değildir. Çok sayıda moleküler bileşke ve fizyolojik dönüşüm uçan makineler hazırlayabilir. İkinci olarak, uçma "yararlıdır" ve dolayısıyla evrim süreçlerinde değer kazanır. Eğer burada olmuyorsa, başka bir yerde gerçekleşecektir! Bu bağlamda, rastlantı sonucu, felaketlerden kalan soğumuş küllerde yeniden ortaya çıkmaya duyumludur. Kuyrukluyıldızların Dünya'ya çarpması ve canlıların çok büyük bir bölümünü yok etmesi hiçbir şey değiştirmez.

Bölüm 4'te sunulmuş olan terminolojiye göre, yaşamın gelişimi hem *yakınsama* hem de *olumsallık* anlamına gelir. Hayatta kalma mantığı, biyolojik olayların birtakım canlı varlık davranışlarının gelişimine doğru yakınsamasına yol açar. Bu evrimlerin aldığı kesin biçim, kendisini oluşturan fiziksel koşullara göre olumsaldır.

Kuşkusuz Gould'un geriye sarılan filmi farklı bir evrim sırası, başka bir hayvan türleri grubu, başka bir bitki örtüsü sunacaktı. Ancak büyük ihtimalle uçma, mutlaka farklı fakat yine yaşamda kalma mantığıyla karşı karşıya olan bu türlerde de ortaya çıkacaktı. Aynı şey, hem maymunlarda hem de yunuslarda, ahtapotlarda ve mürekkep balıklarında bulunan beynin oluşumu için de geçerlidir. Ve ayrıca göz, kulak, burun, kısaca yemeye ve yem olmamaya yarayan herşey için!

Yeniden Burgess Shale'deki küçük Pikaia'ya, 520 milyon önce konu olacağı tartışmalardan habersiz kendini tamamen hayatta kalmaya vermiş, yürek sızlatan atamıza dönelim. Soru: Onun soyu da, görev arkadaşlarınınkiler gibi yok edilmiş olsaydı, zekâ yine de gezegenimizde ortaya çıkar mıydı? Zekâyı şimdilik zihinsel imgeleri depolayabilme ve kullanabilme yeteneği olarak tanımlayalım. Görme gibi bu yetenek de birçok hayvan soyunda, az ya da çok gelişmiş düzeylerde bulunur. Çağdaş etoloji çalışmaları, yalnızca memelilerde değil aynı zamanda bazı kuşlarda da bulunan zihinsel yetenekleri ortaya çıkardı. Küçük Pikaia yok edilmiş olsaydı, insanoğlu belki var olmayacaktı ama "anlama" yeteneğine sahip başka türler olacaktı. Zekâ da uçma gibi hem mümkün hem yararlıdır. Önemli bir uyum sağlama kolaylığı verir. Bu anlamda, zekânın ortaya çıkmasını ayrıcalıklı kılan bir yakınsamadan söz edebiliriz.

Gould'un savına göre zekâ, göktaşının *sayesinde* ortaya çıktı, "göktaşının 'tetiği çektiği'"\ de söylenebilir. Göktaşı, büyük kelerlerin, memelilerin evrimi üzerindeki olumsuz etkisini ortadan kaldırdı. Aynı şekilde Afrika'daki fay hattı da, kıtanın doğusundan yaşamı silerek atalarımızı beyinlerinin kapasitesini göstermeye zorlamış olacaktır.

Yaşamın kökenini araştıran kuramcımız, bize galakside başka biyosferlerin akla yatkın gelen varlıklarından söz açacaktır. Geniş soylarının geçtiği biyolojik evrim safhalarını anlatacaktır. Ancak Quebec göğündeki yaban kazlarımın varlığını önceden kestiremeyecektir, tıpkı benim kendi varlığımı kestiremeyeceği gibi. Annemle babam karşılaşmayabilirlerdi. Hem ayrıca bir tanecik şanslı sperm için kaç tane kızgın...

Kozmik karmaşıklığın tohumları analizimize geri dönelim. Bu yakınsama ve olumsallık kavramları, cansız madde davranışında olduğu kadar canlı madde davranışında da bulunur. Kaynayan su imgesi bize bunun güzel bir örneğini verdi.

Güneş'in doğumu filmini başa saralım ve yeniden izleyelim. Yıldızlararası uzayda gezinen Güneş bulutsusu, Güneş Sistemi'ni doğuracak olan olaylar dizisini tam tamına gerçekleştirecek midir? Gökbilim kitaplarında anlatılan gezegenler kortejini bulacak mıyız? Çok şüpheli. Ancak; bulutun er ya da geç çökerek yıldızlar ve belki de Güneş'imizin çevresinde yörüngede bulunanlara az çok benzer gezegenler, göktaşları ve kuyrukluyıldızlar doğuracağı ısrarla iddia edilebilir.

## Olasılıklar ve Zamanlama

Gould, kurbağagilleri dünyaya getirmiş olan bir yüzgeçli balık sürüsü için şunları yazar: "Bu sürü olgunlaşmamış halde yok olmuş olsaydı, kıtalar üzerinde büyük olasılıkla yalnızca sinekler ve çiçekler yaşıyor olurdu."Görüşünü doğrulamak için şöyle der: "Sudan sert toprağa geçiş olası bir olay değildi." Olasılık argümanlarını kullanmak hiçbir zaman güvenceli değildir. Yaşam, gezegenimiz üzerinde her yerde oluşmuştur. En düşman topraklarda, şaşkınlık uyandıran adaptasyon sistemlerine sahip organizmalar yaşamıştır. Kurak çöller, kuzey buzul bölgeleri, denizaltı volkanlarının ağızlarının yanıbaşındaki karanlık çukurlar canlı türleriyle dolup taşar. Bu zenginlik, Gould'un savıyla pek bağdaşıyor gözükmez. Er ya da geç kıtalar, "mutlu kazalardan" faydalanan yeni organizmalarca istila edilecekti.

Yaşamın her yerde bulunması, rekabetin ve yaşamsal zorunlulukların baskısının doğal bir sonucudur. Ekolojik yuvaların hepsi doluysa, daha da zor koşullara uyum sağlanarak yeni yuvalar icat edilir. İnsan göçleri tarihi bize bunun pek çok örneğini sunar.

Quebec Kızılderilileri'nin uyguladığı benzer baskılar, topraklarından atılan Eskimolar'ı kuzey bölgelerinin zor koşulları altında yaşamaya itmiştir. Kurbağagillerin ataları olan balıklar öldürülmüş olsalardı, büyük ihtimalle başka organizmalar yerlerini almış olurdu.

Hayatta kalma dürtüsüyle uyarılan canlılar, doğal olayları azami düzeyde kullanma eğilimindedir (yakınsama), ancak hiç kimse çok çeşitli biçim ve özellikleri önceden tanımlayamaz (olumsallık).

Amerikalı mizahçı Mark Twain, insanoğlunun Dünya yaşamında özel bir yeri olduğu yolundaki kibiriyle dalga geçmeyi severdi. Dünya üzerindeki yaşamın süresi karşısında insanlığın tarihi, Eiffel Kulesi'nin yüksekliği karşısında kulenin tepesindeki boya katmanının kalınlığı gibidir[59]. Eiffel Kulesi ne kadar son boya katmanı için inşa edilmişse, Dünya da o kadar insanoğlu için yaratılmıştır[60].

Gould bu argümanı daha ayrıntılı bir zamanlama ile yeniden ele alır. Yaşam, Dünya üzerinde yaklaşık 3,5 milyar yıl önce ortaya çıkar. O dönemden beri, su tabakaları tek hücreli ufak canlı varlıklar bakımından zengindir. İlk çok hücreli organizmalar (denizanaları, denizkestaneleri, balıklar) ancak üç milyar yıl sonra ortaya çıkar. İnsanımsılar ancak birkaç milyon yıl, yani Dünya üzerindeki yaşamın süresinin binde biri kadar önce ortaya çıkar! Biyolojik evrimin başlangıçtaki bu yavaşlığı Gould'a göre, "biyolojik oklar" düşüncesine karşı yeni bir argüman oluşturur. Gould bunda daha çok, olasılık dışı sıçrayışlarla mimli kaotik bir sürecin kanıtını görür.

Bir karşılaştırma yapmakta fayda var. Hesap makinelerinin doğuşu üç yüzyıldan biraz daha eskiye dayanır[61]. Bu teknoloji başlangıçta çok yavaş ilerler. Gökbilim hakkındaki ilk anılarım beni genç bir öğrenci olduğum yıllarda bulutlu geceleri çift yıldızların yörüngelerini hesaplamakla geçirdiğim Victoria Gözlemevi'ne götürür. Hesap makinesinin kolu sabaha karşı bileklerimde ağrılara neden olurdu... Birkaç yıl sonra doktoramı verdiğimde, IBM cihazları tüm odayı kaplıyordu, ama çok sınırlı olan bellekleri bizi araştırmalarımızın devamı için gerekli olan işlemlerin çoğundan mahrum ediyordu. Bugünse küçük, kişisel bilgisayarlarımız hem bellek hem de hız bakımından onları geçiyor.

Bu örnek, çok sayıdaki evrim sürecinin ilerleme hızını açıklar. Ağır ve emek isteyen bir çıkıştan sonra, gitgide hızlanan bir gelişime tanık oluruz. Aşamaların süresi hiçbir şekilde, tamamlanmış ilerleme miktarını yansıtmaz. İnsanımsılar, Dünya üzerinde ortaya çıkmalarını önceleyen milyarlarca yıllık bir genetik evrim sürecinden faydalanırlar.

Gould, Dünya üzerindeki yaşamın ilk zamanları konusunda bir "hücre durumunda durgunluk" sürecinden söz eder. Dönüşümler, her zaman kolaylıkla görülebilir nitelikte değildir. Üç milyar yıl önceki hücreler, bir milyar önceki hücrelere yalnızca yüzeysel olarak benzerler. Moleküler mekanizma müthiş derecede iyileşmiş ve başarıları büyük oranda artmıştır. Ökaryot hücrelerin genetik yeteneklerine varana dek kaç tane sönük aşamadan geçmek gerekmiştir? Bu da, dillere destan aysbergin saklı kısmı...

## Küçük Tamiratlar

Doğanın adaptasyon stratejilerinin niteliği konusuna, biyologların hepsi hayranlıkla yaklaşmaz. Birçok araştırmacı bu stratejileri amatör tamircilerin stratejileriyle karşılaştırmıştır. "Çözümler, 'son dakikada' üretilir" denmiştir. Doğa, elinin altında ne varsa onu kullanır. Eskiyi yeniler[62].

Gould, "Darwin bile, sinekler aracılığıyla döllenmeye yarayan yapıların, ataları başka bir niyetle iş gören öğelerden yola çıkarak tamir edilmiş olduğunu göstermek için orkidelere bütün bir kitap adamıştır." diye yazar. İyi bir mühendis kesinlikle daha iyisini yapardı. Yine Gould şöyle yazar: "Akıllı bir mimar neden yalnızca Avusturalya için, plasentalı memelilerin öbür kıtalarda oynadığı rolün aynısını oynayacak bir keseliler türü yaratsın?" Pek çok evrimci, bir doğa "projesi" düşüncesini reddetmek için bunu bahane eder.

Şurası açık ki; doğanın stratejileri bizim bir projeyi –örneğin bir uzay gemisi yapımı– yürütmek için başvurduğumuz stratejilerle aynı değildir. Mühendis, tüm üretim aşamalarının önceden yazılı olduğu bir planla çalışır. Herşey bellidir. Yapılabilirlik çalışmaları, aletlerin hazırlanması ve çalıştırılması, özel gereçlerin seçimi, bu işlemlerin her birinin ayrıntılı öngörüleri; işte NASA'nın ya da ESA'nın[63] uzmanlık atölyelerinde duymaya alıştığımız deyimler bunlardır.

Amatör tamircinin planı programı yoktur. Yalnızca bir amacı vardır: "uçmak" veya "sualtında yüzmek". Bunu başarmak için her yol mübahtır. Rastlantıyla bulunan bir nesne işe yarayabilir. Amatör tamircinin uçağı, el altında ne varsa ondan yapılmıştır. Önemli olan uçuyor olmasıdır. Başka bir amatör tamirci farklı bir uçak üretecektir. Ama o da uçacaktır!

Birinci düşünce: tamirci, kuşkusuz mühendis gibi çalışmaz; ne var ki kafasında bir fikir vardır. Fark, amaçta değil amaca ulaşma biçimindedir. Hemen ardından ikinci bir düşünce belirir. Tamircinin yöntemi gerçekten de mühendisin yönteminden düşük nitelikte midir?

Teknoloji tarihi açıkça bunun aksini gösteriyor. Büyük icatlar, büyük mühendislik firmalarının uzmanlık bürolarından çok gösterişsiz tamir atölyelerinde daha sık gerçekleşiyor. Bunun çok sayıda örneği var. İlk teleskoplar ve mikroskoplar, Hollandalı zanaatkârlarca derme çatma eklemeler ve merceklerle kurulmuştu. Cornell'de öğrenciyken, hocalarımız bugün tüm dünyada kullanılan hızlandırıcı modelinin mucidi Christophilos adında, kendi kendini yetiştirmiş bir Yunanlı'dan söz ederlerdi. Diploması olmadığı için, Christophilos asla icadına uzluk belgesi kazandıramamıştır. İnsanoğlunun geliştirdiği endüstride, sistematik planlama dönemi tamirciler döneminden sonra gelir. Onlar olmasaydı, yontma taş çağından çıkamazdık. Tamir atölyesi önemli bir yaratıcılık ortamıdır.

Bu düşünceler bizi, geçen bölümlerdeki karmaşıklığın oluşumunda zorunlu ve ikincil bilgilerin rolü ve özellikle rastlantıyla gereklilik arasındaki, anlaşılması güç etkileşim tartışmalarına geri götürür. Mühendisin planının şaşmaz işleyişi ile sabit olmayan bir dizi rastgele olay arasında, yenilikçi harekete yer vardır. Tamamen determinist bir evrim süreci görüşüyle tamamen olumsal bir evrim süreci görüşü arasında tamirciliğe yer olduğu gibi. Şimdi kitabın anafikrine adapte edilmiş bir örnek sunacağız.

*Kuşlar, Tamir Edilmiş Dinozorlardır...*
"Nereden geliyorlar?" diye sormuştuk, yabankazı sürülerinin sonbahar göğündeki görkemli ilerleyişine hayran kalarak. Yanıtlar çeşit çeşit. Her biri tarihimizin farklı bir dönemini içeriyor. Milyarlarca yıl bazında, kökenleri galaksilerle, yıldızlarla, moleküllerle, gezegenlerle, göktaşlarıyla, kuyrukluyıldızlarla vb. anlatılır. Birkaç saat bazında, kazlar kuzey

bölgelerinden gelirler. Şimdi, son birkaç yüz milyon yılda gerçekleşen biyolojik evrimde ortaya çıkışlarına eğileceğiz.

Bugün, 65 milyon yıllık, Meksikalı göktaşının dinozorların tamamını ortadan kaldırmamış olduğu kabul ediliyor. Dinozorların bir kısmı, felâketten sağ çıkarak kuşlarımızı dünyaya getirmiştir. Bu düşünce, ilk bakışta yersiz gözüküyor. Narin ve güzel, kanatlı komşularımızın, memeli küçük atalarımıza korku veren (gerçekte değilse bile, en azından sinemada...) şu korkunç hayvanlardan geldiği nasıl düşünülebilir? Dinozorların torunları, çiçeğe durmuş kiraz ağacında şakıyan, büyüleyici narbülbülümüzden çok bataklıklardaki timsahlarla ve aligatorlarla bağdaştırılabilir...

Ancak görünüş yanıltıcı olabilir. Şaşırtıcı miktarda ortak özellik, kuşlarımızı[64] "theropoda" denilen bir dinozor türüne

bağlar. İki ayak üstünde yürüyen, boyutları küçük olan bu hayvanların oyuk kemikleri, uzun boyunları ve kabukları bizim tavuk yumurtalarının kabuklarına çok benzer yumurtaları vardır. Bazı türler, neye yaradığını bilmediğimiz tüylere sahiptir. Belki sıcak tutmaya. Ya da tavuskuşu gibi kabarmaya yarıyor olabilirler mi?

Uçmayı nasıl öğrendiler? En yaygın yoruma göre, hızlı koşularda dengeleri sağlamak için kollarını aça aça (kümeste ürken tavuklar gibi) uçmayı öğrenmişlerdir. Şu deneyi yapalım. Arabada giderken elinizi pencereden dışarı çıkarın ve yavaşça eğin; yukarı doğru bir itme hissedeceksiniz. Bu, uçakları havada tutan "kaldırma gücüdür". Bu güç sayesinde, teropodlar uzun sıçrayışlar gerçekleştiriyorlardı. Ancak gerçek kanatlar olmadan, uçuşları büyük ölçüde sınırlı kalıyordu.

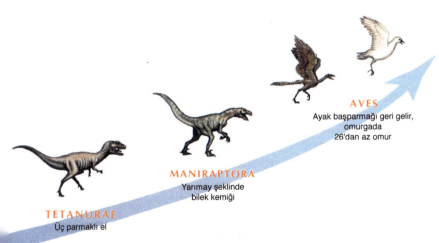

Kuşlarımız, 65 milyon yıl önceki göktaşı çarpmasından sağ çıkan dinozorların soyundandır. Aşağıdaki soyağacı diyagramı, kuşları dünyaya getirmiş olan dinozor soyunun evrimini gösterir.

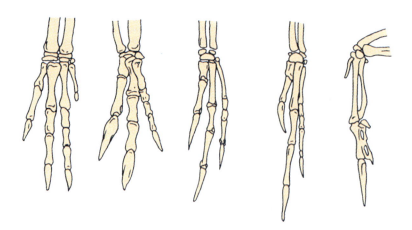

Küçük dinozorların kuşlara dönüşmesi sırasında, el ve bilek büyük değişime uğrar. Soldan sağa bazı parmaklar yok olur, diğerleri kaynaşarak kanadın kemik yapısını oluşturur.

Bizim kuşlarla bu teropodlar arasında yer alan ara biçimlere sahip bir dizi fosil, doğadaki tamiratı muhteşem bir biçimde açıklar. Elin parmakları dönüşerek bir kanat halinde kaynaşırlar. Tüyler kol ve bacakların yüzeyini genişleterek kaldırma gücünü büyük ölçüde artırırlar. Kolların hareketliliği işlev değiştirmiştir; eskiden olduğu gibi avları yakalamaya değil, kanat çırparak hareketi hızlandırmaya yarar. Kanatın başparmak tarafından taşınan kısmı, düşük hızdaki uçuşu kontrol eder. Gerideki bacaklar uzarlar; iskelet kemikleri hafifler. İlk ayak parmağı kanca biçiminde çukurlaşarak kollara ayrılır. Kuyruk kısalır, sertleşir, tüylerle kaplanır ve uçuş için iyi bir denge sırığı haline gelir.

Günümüzdeki kuşların müthiş çeşitliliği, Chixculub kıyımından sağ çıkan dinozorların onarımından doğar... Doğanın yaratıcılığının ne güzel bir örneği!

## Bunda Bir Şey Yok

Biyolog için amipten memeliye, astrofizikçi için kuvarktan insan beynine giden, en basitten en ayrıntılı olana ilerleyişi kim inkâr edebilir? "Karmaşıklığın artması elbette, der bazı bilim adamları, o halde?" Onlara göre bu olay hiçbir metafizik sorgulayışı hak etmez. Quebec'te sık sık denildiği gibi, "bunda bir şey yok".

Gould'a göre, en karmaşık varlıkların zaman içinde daha da karmaşıklaşmaya eğilimli olduğunu yadsımaksızın, bunda, gitgide daha düzenli durumlara iten zorunlu ve önceden görülebilen bir güçten çok, başlangıçtaki kaçınılmaz basitlikten başlayan bir genişleme görmek gerekir. Gould düşüncesini şöyle savunur: *"Kimyasal nedenlerden* dolayı yaşam, devam edebilmesi için gerekli olan karmaşıklığın kavranabilir en alt sınırında ortaya çıkar. Bir aslanla başlanmaz. Gerçekten basit olan bir şeyle, basit bir haberciyle başlanır. Ve o noktadan başlanıldığı takdirde, aşağıda daha alt bir karmaşıklığa yer kalmaz. *Yaşam yayılmak zorundaysa,* fırsat çıktığında daha çok karmaşıklık ekleyecektir. Bu yöne doğru bir itme vardır; bu, biyolojik genişlemeden başka bir şey değildir[65]." Kısaca, Gould'a göre bu dönüşüm kaçınılmazdı. Yaşam başlangıçta zayıf bir karmaşıklık özelliği gösterdiğinden, yalnızca daha büyük bir karmaşıklığa doğru gidebilirdi. Hiç kuşkusuz bu, bayağılık sınırına bağlıdır!

Modern fiziğin en büyük isimlerinden Murray Gell-Mann, kuvarkların varlığı da dahil olmak üzere pek çok önemli keşfe katılmıştır. Yıllardan beri, karmaşıklığın artması olayıyla ilgilenmektedir: Santa Fe, New Mexico'daki Institute for Complexity'nin kurucularındandır. Çağlar boyunca karmaşıklığın artması gerçeğini kabul eder ve bir soru yöneltir: "Bu gözlem, daha büyük bir karmaşıklığa iten bir güç anlamına mı gelir?"

Bir masanın ortasına birkaç pire koyun ve hareketlerini gözlemleyin. Her yöne doğru sıçrarlar. Biraz sonra, bazı pireler merkeze geri gelirken bazıları merkezden uzaklaşmayı sürdürürler. Masanın her yanına dağılırlar. Bireysel yer değiştirmeler rastgele olsa da, pireler tarafından kaplanan alan durmaksızın artar. Gell-Mann, buna benzer biçimde çağlar boyu bazı sistemlerin karmaşıklıklarını artırırken bazılarının karmaşıklığının azaldığını söyler. Ancak pirelerin kapladığı alan gibi, belli bir anda varılmış olan azami karmaşıklık da zaman içinde yalnızca artabilir. Gell-Mann'ın vargısı, hiçbir şeyin düzenli bir itme gücü fikrini doğrulamadığıdır. Ayıklamanın baskısına eklenen yayılma olayı, bu olayı anlamamıza yeter. Bunda bir şey yok!

Bu bilim adamlarının öne sürdüğü savların altında, dile getirilmeyen ancak tartışmasız kabul edilen temel bir varsayım yatar: Pireler nasıl dağılabilme "yeteneğindeyse", yaşam da yayılabilme "yeteneğindedir". Bence, pirelerle yapılan karşılaştırma zaten vargıyı içeriyor.

Çağdaş fizik adına en olağanüstü olan, yaşamın "kimyasal nedenlerden" dolayı Dünya'da ortaya çıkmış olması değildir, Dünya'da (ya da başka bir yerde) *ortaya çıkabilmiş* olmasıdır. 15 milyar yıl önceki ateştopunda bulunan elektronların ve kuvarkların, birleşip proteinler ve nükleotit zincirleri oluşturması için gerekli olan özelliklere sahip olmasıdır. Yaşamı ortaya çıkaracak ve yayılmayı sürdürmesini sağlayacak "kimyasal nedenlerin" bulunmasıdır.

Bölüm 3'te anlatılan bir konuyu burada yeniden ele alalım. Biyolog için doğal, gerekli, hatta bayağı olan, astrofizikçi için büyük bir hayranlık ve sorgulama konusudur. Soğuyan maddenin gerçekleştirdiği olağanüstü, düzenleyici beceriler –atomların, moleküllerin, hücrelerin ve organizmaların oluşumu– inceden inceye ayarlanmış kozmolojik özellikler ve fizik kanunları *(sayfa 94)* gerektirir. Sayısal hesaplarla düşsel olarak yaratılan, farklı özelliklere sahip evrenler hiçbir karmaşıklık eğilimi göstermeyecektir. Gould'un fikirlerini açımlarsak, başlangıçtaki ateştopunun kaosuna karşılık şöyle denilebilirdi: "Buradan başlarsanız, aşağıda daha az karmaşıklığa yer kalmaz." Bundan, doğal olarak, o noktada kalınabileceği olasılığı yok sayılarak yalnızca daha fazla karmaşıklığa doğru gidilebileceği sonucu çıkar. Zorunlu olarak daha fazla karmaşıklığa gidilmesi gerektiğini öne sürmek, saflıkla bu karmaşıklığın ortaya çıkabileceği varsayımında bulunmaktır. Bu öte yandan, Gould'un şu cümlesinin içeriğidir: "Yaşam yayılmak zorundaysa... "

Astrofizik bugün bize bu varsayımın hiçbir şekilde zorunlu, doğal, kendiliğinden sayılamayacağını söylüyor. Dürüst konuşmak gerekirse, bu varsayım şapşallaştırıcıdır. Yalnızca *aposteriori* doğrulanabilir. Yaşamın mümkün olduğunu biliyoruz, çünkü yaşıyoruz.

Kısaca, karmaşıklığın yayılımla ya da başka bir yolla artabilmesi için, öncelikle *mümkün* olması gerekiyordu. Yani parçacıklar arasındaki etkileşimi yöneten fizik kanunlarının yaşamı mümkün kılması gerekiyordu[66]. Yaşamın ve düşüncenin, ilkel Evren'in yetenekleri arasında yazıyor olması gerekiyordu. Aksi takdirde, dünyanın bütün göktaşları gelse, bizim küçük, maymunsu atalarımızın soyundan Mozart'ı yaratamazdı.

### Bencil Genler

"Bunda bir şey yok" konusunda, daha da uç iki bakış açısından bahsederek bu bölümü bitirelim. Yaşamın kökeni ve evriminin ele alındığı zorlu alanda, "basit düşünceler" daima tutulur. Ne de olsa "anlarız"!

Çitalar, ceylan avına adapte olmuştur ama ceylanlar onlardan kaçacak şekilde donanımlıdır. Evrim, bu iki türün de hayatta kalmasını sağlayacak şekilde gerçekleşmiş ve türlerin yetişkin yaşa varacak yavrulara ve yavruların da kendi yavrularına sahip olmasını mümkün kılmıştır. Richard Dawkins'e[67] göre, biyolojik hareket yalnızca ve tümüyle DNA aktarımına eğilim gösterecektir. Bu "genler kanunu" tüm canlılar dünyasında hüküm sürecektir. Evrimi başlatan kuvvet ve en tuhafları da dahil olmak üzere tüm hayvan davranışlarının son açıklaması olacaktır. Dawkins'e göre, buradan çıtanın ve ceylanın çelişiyor görünen amaçlarını anlayabiliriz. Genlerin davranışlarını yöneten kör fizik kuvvetleri, temel olarak duyarsızdırlar. DNA, ne hissetme ne de bilme yeteneğindedir. "Vardır, hepsi bu kadar. Ve biz de müziğiyle dans ediyoruz." diye ekler Dawkins.

Daha da "basiti"; DNA'nın kâşiflerinden Francis Crick şöyle yazar: "Sevinçleriniz ve acılarınız, anılarınız ve tutkularınız, kimlik ve özgürlük duygularınız aslında sinir hücreleri ve onlara bağlı moleküllerden oluşan büyük bir bütünün davranışından başka bir şey değildir[68]."

Bu denli radikal tutumları, çok az bilim adamının kabul edeceğini hatırlatalım. İnsan davranışı yalnızca ve tamamen genler tiranlığıyla mı yönetilir? Bu sav, toplama kamplarındaki tutukluların yemek paylaşımıyla pek örtüşmez. Bu fedakârlığın tersine, yüzyılımızda böylesine sık görülen, sadizme varan zulüm ve soykırımlar da Dawkins'in tezinin dışında kalıyor gözükür. Ya da savunulması güç argümanlarla desteklenebilirler. Zaten kim, Turner'ın tablolarının ya da Schubert'in müziğinin yalnızca genetik zorunlulukların sonuçları olduğunu ciddi ciddi savunabilir?

Dawkins'in savı, nihai bir açıklama olmaktan çok özel bir açıdan –genler açısından– yola çıkan bir evrim görüşüdür. Geçici olarak bu bakış açısını benimseyip şunu sorabiliriz: "Üremeye ve ona ulaşmak için herşeyi ortaya koymaya bu çılgın azim niye?" Genlerin davranışı kısacası dünyadaki yaşamın canlılık göstergesidir. Ancak genetik zorunlulukların gücünü yaşamın canlılığıyla, yaşamın canlılığını da genlerin kararlılığıyla açıklamaya kalkarsak, olduğumuz yerde dönüp dururuz. İki soru birlikte ele alınmalıdır. Genetik aktarım, yaşam gücünün somut ifadesidir. Yaşama, bu güçlü süregelme ve yayılma yeteneğini kim verir?

Bu DNA aktarım mekanizmaları olmadan Dünya'nın uzun zamandır kısır olacağı tartışılabilir. Genler kanunu, dünyadaki yaşamın sürekliliği için gerekli bir koşuldur. Peki bu strateji canlılarda nasıl ortaya çıktı? Bitmez tükenmez soruya geri döndük: "Canlıların gelişiminden önceki evrim, bu kanunun uygulanmasını güvenceleyen kimyasal tepkimeleri ve elementleri nasıl hazırladı?" Başka deyişle, durgun madde nasıl 4 milyar yıl önce Dünya üzerinde canlı yapılar doğurdu? Kuşkusuz, bütün bu sorular sıkı sıkıya içiçe geçmiş durumdadır, ancak inandırıcı yanıtlar daima geç gelirler...

## Yürekten İnanışlar

Bu son bölüm, kitapta işlenen konulara ilişkin, hem daha bütünsel hem de daha kişisel bir görüş açısına olanak verecek. "Yürekten inanışlar" deyişini severim; hatta kitaplarımdan birine bu adı verdim. Bu deyiş, yarı duygusal yolla bağlı olduğumuz düşünceleri biraraya toplar. Neden bu denli bağlı olduğumuzu ya da gerçek anlamda nasıl doğrulayacağımızı bilmediğimiz bu fikirlere düşünüş aşamalarımızda sürekli rastlarız.

Burada bir ihtiyat sözü gerek: Yürekten inanışlar genellikle önyargılardan başka bir şey barındırmaz ve herşeyden çok bizi rahatlatmaya yararlar. Öte taraftan, her türlü kanıt zorunluluğunu da ortadan kaldırırlar. Böylece tanınan öznellik, bu çalışmanın kuvvetlerinden biridir. Aynı zamanda hem kalp hem de akıl zekâsının (Pascal'ın ifadesine göre) konuşmasını sağlar, bu iki zekâ da önceki yaşantılarla doludur.

*Granitin Ortasından Fışkıran Lav Gibi*

Quebec'teki Mont-Royal tepesinde; çocukken "taş ocağı" dediğimiz, kayalık, devasa bir amfiteatr vardır. Yüksekliği birkaç on metreyi bulan bu yerden, taş tüccarlarının dinamitlerle yardığı Yer'in derinlikleri görülebilir. İnce ya da kalın, bir sürü kara damar, gri granit cepheleri şurasından burasından keser.

Dikey yüzeylere çizili bu mineral freskleri beni büyüler ve kafamda bir soru işaretine sebep olurdu. Elime çekiçle kazı kalemi alıp taşı kertikleyerek, bu bazaltlı damarların kaya maddesinin içine derinlemesine işlemiş olduğuna kendimi inandırabilirdim. Fakat böyle derinlik taşlarından üremeyi ve sert granite nüfuz etmeyi nasıl başarmışlardır? Mineral görüntüsünün griliğinde donmuş, bu gizemli, karaya çalan girişik süslerin kökenini bulmak için kaç varsayım ürettim!

Yanıtı daha sonra, bir jeoloji dersi sırasında buldum. Bundan birkaç milyon yıl önce Montréal bölgesi, yoğun bir volkanizma bölgesiydi. Katı granit katmanının altında, eriyen bir taş gölü düşlemek gerek. Yer ısısının yarattığı baskıyla itilen lav, kaçacak delik arar. Kaynayıp tüterek, bütün fayların içine süzülür ve en küçük çatlaktan bile faydalanır. Su geçirmez katmanlar lavı yatay olarak yayılmak durumunda bırakır ve ilerleyişini yavaşlatırlar. Ancak yalnızca bir süreliğine. Lav, bu katmanları zorlayarak en ince çatlaklardan sızar ve tekrar, yukarıya giden amansız yoluna koyulur. Fırsatları değerlendirerek, yavaş yavaş ve ardında ağaç biçimli yörüngelerinin, granitin içine işleyen, siyahımsı izini bırakarak dağın zirvesine ulaşır.

Volkanik olayların kökenini artık biliyoruz. Dünya, doğumu sırasında, geçmişteki yıldız kuşaklarınca oluşturulmuş bazı radyoaktif elementleri katıştırır. Bu atomlar (uranyum, toryum, radyoaktif potasyum), çağlar boyunca ayrışır ve gezegen kütlesini ısıtırlar. Bu ısı, kendi termik baskılarıyla kaçınılmaz olarak yeryüzüne itilen lav birikintilerinin oluşmasını sağlar. Ne denli tatmin edici olursa olsun, bu açıklama taş ocağının kaya duvarına kakılmış beyaz ve siyah figürleri kesin olarak açıklamakta yetersiz kalır. İki kavram yeniden karşımıza çıkar: yakınsama kavramı (lav tırmanmaya çalışır) ve olumsallık kavramı (lavın izlediği yol, volkanik patlamalar, katmanların oluşumu ve fayların maden örüsüne yerleştirilmesi gibi geçmişteki kazalara bağlıdır).

## Kozmik Maya

Eriyen taşın kör fışkırışında, doğanın tüm evren tarihi boyunca benimsediği davranışın bir imgesini bulurum. Daha iyi bir terim olmadığından, güçlü bir kozmik maya diye adlandırabileceğimiz şey tarafından itilen madde, gitgide daha yapılanmış hallere ulaşma eğilimi gösterir. Burada, ilk bölümde andığımız dostumuz Aristo yeniden karşımıza çıkacak. Sözleri şimdi yeni yankılar kazanıyor. Sözlerini bu bağlamda yeniden okuyalım: "Doğada bir çeşit sanat, içteki maddeyi işleyen bir çeşit yönlendirilmiş teknik yeterlilik söz konusudur. Biçim, maddeyi sarar; belirsizliği zapteder." Kim daha iyisini söyleyebilir?

"Bir çeşit teknik yeterlilik" sözcükleri, tüm kitap boyunca karşılaşılan ve tartışılan *(sayfa 94-96)* sayısız "rastlantıları" düşündürmüyor denilemez. Evren'i yapılandıran kuvvetlerin özellikleri, nihai bir varsayımsal kuramca kesin ve açık biçimde belirtilse ya da temel faz geçişlerinin olumsallığında tarihsel olarak oluşmuş olsa da geriye yadsınamaz bir olgu kalır: İlk zamanlardaki madde, belirsizliği engelleyecek "teknik yeterliliğe" sahipti. Bunu yapmış olması, bunun kanıtıdır!

Evren'in ardışık evrimi, kozmik maddenin bu yeterliliklerinin sürekli güncelleştirilmesi olarak tanımlanabilir. Koşullar,

Ay'ın yüzeyinde olduğu gibi, kesinlikle aykırı olduğunda; yaşam ortaya çıkamaz. Ancak en küçük bir ihtimal söz konusu olduğunda, herşey (rastlantı ve gereklilik, determinist kanunlar ve rastgele olaylar, yakınsama ve olumsallık, göktaşları ve yer kabuğunun beklenmedik sıçrayışları) maddeyi düzenlemek ve yaşamın çiçeklenmesini sağlamak üzere seferber edilir. Bu güncelleştirmenin programlanmaya ya da önceden belirlenmeye gereksinimi yoktur. Hiçbiri *önsel olarak* zorunlu olmayan, sayısız olaya yol açarak aşama aşama ortaya çıkar. Düzenleyici gerilim, daima daha yukarı kayabilmek için "kayadaki her faydan" yararlanır. Hepimizi dünya tarihinde birleştirir[69].

Bu kozmik maya temelde doğadaki kuvvetleri kullanır. Her çareye başvurur. Ediminin etkisiyle hidrojen ve oksijen atomları birleşerek patlamış yıldızların kalıntılarında su molekülleri oluşturur, hücreler Dünya'nın ilkel okyanusunda çok hücreli organizmalar halinde biraraya gelirler. 65 milyon yıl önce Meksika'ya düşen bir göktaşı sayesinde memeliler farklılaşır ve evrimleşen soylarında insan beyni ortaya çıkar. Bu kozmik mayayı içimizde taşıyoruz. Bizi, kendi küçük çapımızda ve kısa varoluşumuz boyunca, kozmik karmaşıklığın büyüleyici serüvenini izlemeye ve değerlendirmeye teşvik ediyor[70].

Bu kitabın, kendilerini bırakmış ve intihar eğilimli, Quebecli gençlerle yapılan bir söyleşiden doğduğunu hatırlatayım. Bu olayın, 1997 senesinde geçirdiğim ciddi sağlık sorunları esnasında benim için ne denli önemli olduğunu anlatmıştım. Minnettarlığımın ifadesi olarak onlara şu egzersizi öneriyorum: Gözlerinizi kapayın, şu anda burada varolabilmemizle direkt bağlantılı olan sayısız kozmik olayı, galaksi, yıldız, gezegen, kuyrukluyıldız olayını yeniden gözünüzün önüne getirin. Bu anma sergisi, size varlığınızın ne kadar değerli olduğunu gösterecektir. Her birimizde bulunduğu gibi her filizde de bulunan şu kozmik mayayla yeniden bağlantı kurmanızı sağlayacaktır, en azından ben böyle umuyorum.

# NOTLAR

1 Jeanne Hersch, *L'Etonnement Philosophique (Felsefi Şaşkınlık)*, Gallimard, "Folio Essais", 1993.
2 Aynı tip başka bir egzersiz: Masada komşularınızı gözlemleyin. Her biri nasıl da ustalıkla götürür besini ağzına, hem de görünmez hedefi asla ıskalamadan! Bebeklerin çenesinden akan mama, bu durumun işaret ettiği büyük başarıyı hatırlatır. Bu eylemi geliştirebilmek için ne çok zaman ve çaba harcanır! Eylemi tekrarlayın. İlk denemelerinizin kararsızlığını yeniden yakalamaya çalışın. Tüm yaşamımız boyunca yediğimiz sayısız lokma, bugünkü eylemlerimizin kesinliğini sağlar. Çarpan yüreğin otomatikliği gibi, öğrenilen eylemler de bizi uzak geçmişimize bağlar.
3 *İyinin ve Kötünün Ötesinde*'den *(Jenseits von Gut und Böse)*.
4 Bu metni 1992'de ilk kez kaleme aldığımda, şöyle yazmıştım: "Laboratuarda canlılar hakkındaki hazırlık, fantastik sinemanın alanıdır." 1997'de, Molly adlı koyun beni bu durumu yeniden gözden geçirmeye mecbur etti.
5 İşte Santa Fe'deki Institute for Complexity'de sunulan karmaşıklık tanımlarından bazıları:
 - Karmaşık bilgidir, yani bir gözlemciyi bilgilendirme ya da "şaşırtma" yeteneğidir.
 - Karmaşıklık, bir sistemin giderek küçülen ölçeklerde gösterdiği ayrıntı derecesidir.
 - Karmaşıklık, (rastlantı derecesinden ziyade) bir sistemde görülen "düzenlilik" derecesidir.
 - Karmaşıklık, hiyerarşik biçimde yapılanmış bir sistemin farklı seviyelerinin gösterdiği çeşitliliktir.
 - Karmaşıklık, bir sistemi betimlemek için gerekli olan dilin evrensellik derecesine göre ölçülür.
 - Karmaşıklık, yapısal öğelerden bir sistem kurmak için gerekli olan termodinamik kaynakların miktarıdır.
 - Karmaşıklık, bir sistemi betimlemek için bilgisayarın ihtiyaç duyduğu bilgi miktarıdır.
6 Bir ışık yılının 10.000 milyar km.'ye eşit olduğunu hatırlatalım!
7 "Bu yıldızın ona (insanoğluna) çizdiği geniş daire yanında dünyanın bir nokta gibi göründüğüne ve bu dairenin de gökteki diğer yıldızlarla oranla

sadece küçük bir nokta olmasına hayran olsun. [...] Sonsuzluk içinde bir insan nedir?
Ancak ona şaşkınlık verici başka bir harika göstermek için, o, bildiği şeylerin en küçüğünü araştırsın. Bir sironun (küçük bir böcek) vücudunda karşılaştırılamaz derecede daha ufak kısımlar bulunduğunu; onun da eklemli bacakları olduğu, bu bacaklarda damarlar, damarlarda kan, kanın içinde suyuklar, suyuklarda damlacıklar, damlacıklarda da gazlar olduğunu; en son vardığı şeyleri bölüştürerek gücünü bu kavramlara harcasın, [...] belki küçüklüğün doğadaki en son derecesine ulaştığını düşünecektir. [...]
[...] bu iki sonsuzluk ve hiçlik uçurumları arasında, bu harikalar karşısında titreyecektir.

8 Uzun sabah yürüyüşleri için Malicornelu Guy Raimbault'a teşekkür ederim. Bu gezintilerde bir sürü kuşu ve ötüşlerini tanımayı öğrendim.

9 Dünya'nın yıldızımıza olan uzaklığı farklı olsaydı, yılın uzunluğu da farklı olurdu. Örneğin Güneş'e daha yakın olan Venüs gezegeninin "yılı" daha daha kısadır; 225 Dünya gününe karşılık gelir. Çok daha uzak olan Jüpiter ise yörüngesini 10 Dünya yılından daha uzun bir sürede kateder.
Öte yandan Dünya-Güneş mesafesi aynı kalıp Güneş'in kütlesi farklı olsaydı, Dünyamız'ın yılı yine aynı uzunlukta olmazdı. Kütlesi daha düşük yoğunlukta olan bir Güneş, bildiğimiz yıldan daha uzun; kütlesi daha yoğun bir Güneş'se daha kısa bir Dünya yılı empoze ederdi.
Hem bizim galaksimizde, hem de galaksimiz dışındaki galaksilerde çok sayıda gezegen korteji bulunduğunu düşünüyoruz. Yakın tarihli gözlemler bu düşünceyi doğrular gözüküyor.
Fizik kanunlarının her yerde aynıdır, elimizde bunu kanıtlayan çok sayıda veri var. Güneş Sistemimiz'de olduğu gibi, bu varsayımsal uzak gezegenlerin dönemleri de bir yandan merkez yıldızlarının kütlesi diğer yandan aralarındaki mesafe tarafından belirlenir. Bu süreler büyük ihtimalle birkaç saatle birkaç milyon Dünya yılı arasında değişir.

10 "Gerçek" hareket olarak Dünya'nın Güneş etrafındaki dönüşünü alırsak, Güneş'in Dünya etrafında gerçekleştirdiği "görünüşteki hareketten" bahsetmemiz yerinde olur. Soru: "Güneş mi Dünya'nın etrafında döner, Dünya mı Güneş'in?" Yanıtı, yaklaşık dört yüz yıl önce Galile vermiştir. Bu yanıt "Siz nasıl isterseniz"dir. Mutlak hareket yoktur. *Tanım itibariyle* devinmeyen bir şeye göre devinilir. İsteğe bağlı ya da uzlaşımsal olarak, hareketsiz diyeceğimiz bir baz seçer ve nesnelerin hareketini bu baza *göre* tanımlarız. Bu noktada *bilgi* alanında değil, *uzlaşım* alanındayız.
Yerküremizi hareketsiz baz olarak alarak gezegen hareketlerini inceleyebiliriz. Bu da, Güneş'in hareketsiz olduğu varsayımı kadar iyi sonuç verir. Ancak çok daha karışıktır. Gezegenler ve uydular elips biçimli basit yörüngeler yerine süslü püslü yörüngeler çizecektir. Gezegen kortejimizdeki nesnelerin hareketlerini yıldızımıza göre hesaplamak - günümüz bilgisayarlarıyla hız

kazanımı anlamsızlaşmış olsa da - daha *kolay*, daha *hızlı* ve dolayısıyla daha *uygundur*. Buna karşın, Ay'ın hareketini incelerken Dünya'yı hareketsiz olarak almakta fayda vardır. Ay'ın hareketsiz olarak alınan Güneş'in etrafındaki hareketi, Newton fiziğinin basitliğini ve şıklığını ortaya çıkarmayacak, sarmalımsı bir yörünge ortaya koyacaktır.
Galaksideki yıldızların hareketlerini incelemek için *galaksi merkezi hareketsiz kabul edilir*; Güneşimiz bu merkez etrafında iki yüz milyon yıllık bir dönüş gerçekleştirecektir. Ancak Evren'in büyük genişleme hareketinde, tüm galaksiler diğer galaksilere göre devinir ve hiçbiri evrenin sabit merkezi değildir.
Yakın tarihli bir ankette, katılan Fransızlar'ın %75'i Güneş'in Dünya'nın etrafında döndüğünü, %25'i ise kesin olarak Dünya'nın Güneş'in etrafında döndüğünü belirtmiştir. Anketi uygulayanlar, bunu hemşehrilerimizin bilimsel kültür eksikliğinin kanıtı ve aktüel eğitimin başarısızlığı olarak görmek istiyorlardı. Orası kesin. Ancak bana kalırsa, test sorusu çok daha acıklı bir durumu ortaya çıkarmaktadır. Sonuçlara inanmak gerekirse, katılımcıların %100'ü (%75 artı %25) Galile'nin gerçek mesajını anlamamıştır. "Dünya Güneş etrafında döner" önermesi "Güneş Dünya etrafında döner" önermesinden ne daha yanlış ne daha doğrudur. Yalnızca hesap yapmaya daha uygundur. Galile ve Einstein'dan bu yana, her hareketin özü bakımından göreli olduğunu biliyoruz. Hareketin kökeni uzlaşımsal olarak seçilir. Bu anlamda, Güneş'in Dünya etrafında dönmesini, Dünya'nın Güneş etrafında dönmesi kadar doğru kabul edebiliriz.

11 Bu kavramı iyice benimsememiz için pedagojik bir örnek verelim. Oyun, düşsel olarak sırayla *1)* Güneş Sistemi'nin üstünde *2)* Dünya yüzeyinde yer almamızı gerektirir. Yerden görülen uzay görüntüsüyle uzaydan görülen yer görüntüsünü kafamızda iyice düzenlememiz gerekir. O zaman her şey açık olacaktır. Kendinizi yüreklendirmek için, kendinize binlerce yıldır çözümsüz kalmış bilmeceleri çözmek üzere olduğunuzu söyleyin...
Okuyucuyu, kendisi için Dünya'yı yörüngesi üzerinde yeniden çizmeye, ardından da kendisini günlük dönüşün götüreceği, yeryüzünde (çizeceği resmindeki haliyle) herhangi bir noktaya yerleştirmeye çok fazla teşvik edemeyeceğim. Bu şekilde, aşağıdaki açıklamaları yeniden üretebilecektir. İdeal olan, bunu daha sonra başkalarına da anlatması olacaktır. Bu, bir şeyi anladığımızı anlamanın en iyi yoludur.
İlk önce kendimizi Kuzey Kutbu'na yerleştirelim. Dünya, yörüngesinin "kuzey yazı" denilen kısmını katederken günlük dönüş Güneş'i asla kapatmaz. Güneş 24 saat görülebilir. Kuzey Bölgesi'ndeki eskimolar sürekli olarak güneş ışınlarını alırken Antarktika'daki balıkçıllar için sürekli gece söz konusudur. Bu durum, yılın diğer yarısı tersine döner. "Güney yazı" olur. Bizim yaşadığımız ılıman enlemlerde durum orta seviyededir: kısa yaz geceleri ve uzun kış geceleri.

12 Mars kökenli bu göktaşları, bu son yıllarda kendilerinden çok söz ettirdiler. Bir Nasa ekibi, bu göktaşlarında bu gezegen üzerinde daha önce bir yaşamın var olduğunu gösteren fosil izleri tanımladıklarını belirttiler. Sonraki çalışmalar, bu savı doğrulamadı.

13 Yine bu aynı istatistiklere göre daha küçük boyutlardaki göktaşları da yüksek bir sıklık derecesinde Dünya'ya düşmektedir: Sıklık derecesi 5 km.'den büyük göktaşları için 20 milyon yıl, 1 km.'den büyükler için 300.000 yıl, 100 m.'den büyükler için 15.000 yıl, 10 m.'den büyükler için 300 yıl, 1 m.'den büyükler içinse 1 yıldır. Bu düşüşlerden biri tarafından öldürülme olasılığı nedir? Ortalama bir insan yaşamı için bu olasılık yaklaşık 10.000'de bir olarak hesaplanmıştır! Trafik kazası olasılığından (%1) bayağı yüksek ama uçak kazası olasılığından düşük. Bu sonuç en az şaşırtıcı olandır! Çarpışmalar enderdir ama zararları çok büyüktür!

14 Bu savın yakın zamandan beri kabul edilmediğini ekleyelim.

15 Galaksi çarpışmalarıyla Evren'in genişleme hareketini nasıl uzlaştırabiliriz? Bu tür çarpışmalar yalnızca birbirine yeterince yaklaşmış (en fazla birkaç milyon ışık yılı) galaksiler arasında gerçekleşir, böylelikle karşılıklı çekim kuvvetleri genişleme hareketine "karşı koyacak" nitelikte olur (yürüyüşün ters yönüne kayan bir kaldırımda yürür gibi).

16 Kara deliğin, kütlesel çekim alanı ışık yayılımını engelleyen, aşırı yoğun bir gökcismi olduğunu hatırlatalım.

17 Kara deliğin içine girerek yok olan madde nereye gider? Gözlerimizin önünden tamamen silinir. Zaman ve mekânımızdan çıkar. Bazı bilim adamlarına göre, galaksileri, yıldızları, gezegenleri ve belki de uygarlıklarıyla başka bir evren doğurur.

18 Karmaşık varlıkların yapısal özelliklerinin birçoğunu diğer kitaplarımda anlatmıştım. Bu kitabın iç uyumu, beni bu özellikleri kısaca anlatmak zorunda bırakıyor.

19 Yeni başlayanlar için daha eksiksiz bir yanıt: Diğer kuvvetlerin aksine, bu taşıyıcı parçacıklar ( W ve Z bozonları) başka parçacıkları birleştirmek için çok yoğundurlar.

20 Bu yeniden ısınmalarda ağırlığın rolü bir çay bardağının ve bir yıldızın benzer durumlarda karşılıklı ilişkileri arasındaki farkla açıklanabilir. Kendi başına, yıldız, sıcaklığını dışarı verip yeniden ısınırken, sıcak bir çay bardağı sıcaklığını dışarı verir ve soğur! Bu durum farkı neden kaynaklanır? Yanıt iki cismin karşılıklı hacimlerine ve buna göre onlardan doğan ağırlık alanlarının şiddetine bağlıdır. Yıldız çay bardağına göre çok daha fazla hacimlidir. Ağırlığı kendi evreninde önemli bir rol oynar. Ağırlık onu kendi içine büzerek, yavaş yavaş yeniden ısıtır. Yapısıyla onu çevreleyen alan arasında ısı farklılıkları yaratır. Bir yıldız boyutundaki bir çay bardağı da bir yıldız gibi davranacaktır.

21 Bu sayfalarda verilen tarihsel bilgiler birçok kitaptan ve ansiklopediden alınmıştır. Geçerliliklerini tam anlamıyla garanti etmiyorum.

22 İnsanlar Dünya'nın manyetik alanına duyarlı mıdır? Bunu anlamak için, Manchester Üniversitesi'nden Robin Winter bir grup öğrencinin gözlerini bağladı. Ardından onları dolambaçlı yollara sokarak onlardan yönlerini bulmalarını istedi. Sonuçlar pek de tanıtlayıcı gözükmedi.

23 Sualtı volkanik ağızların yakınında bulunan canlı kolonilerin okyanus yüzeyinden doğan planktonik yaşamın artıklarına ihtiyaç duydukları anlaşılıyor. Bu anlamda, bu koloniler kesinlikle güneş ışığına bağımlıdır.

24 Ve belki de kavrayış güçlerinin zayıflığı yüzünden.

25 Nötrinolar elektrik yükü taşımayan parçacıklardır. Üç şekilde varolurlar. Son yıllarda bu şekillerden en azından birinin zayıf hacme sahip olduğu kanıtlandı.

Fotonlar ve nötrinolar arasındaki etkileşim farkı şu karşılaştırmayla açıklanabilir. Kıtalararası uçuşlar sırasında, havayolu şirketleri kabinin ışıklarına rağmen uyunabilmesi için opak gözlükler dağıtırlar. Nötrinoların ışımasını engellemek için, birkaç milyar kilometre kalınlığında gözlükler gerekir.

26 Dört protonun bir helyum çekirdeğinde erimesinin birinci evresi olan bir dötriyum çekirdeği oluşturmak için iki protonun bileşimi, bir protonun önceden bir nötrona dönüşmesini gerektirir. Zayıf kuvvetin egemen olduğu birinci evrenin aşırı yavaşlığı, Güneş'in yaşam süresini belirtir.

27 Yıldızın içinde yayılan fotonlar, yüzeye doğru yaptıkları yolculuk sırasında yeniden emilirler; nötrinolarsa sorunsuzca yayılır.

28 Aynı şekilde, arabanızdaki benzin de yalnızca kısmen harekete dönüşür. Bu kimyasal (elektromanyetik) enerjinin büyük bir kısmı ısıya dönüşür.

29 Deneyimlerimden dolayı, entropi sözcüğünün korkutucu geldiğini biliyorum: Okuyucularım bazen bana "Asla anlamadığım entropi haricinde herşeyi anladım" der. Umarım bu karşılaştırmalar bu kavramı biraz daha netleştirir. Kavram alanı genişletilerek entropi terimi, maddenin düzenlenmişlik derecesiyle birleştirilir. Bir yapı ne kadar düzenlenmişse, entropisi o kadar zayıf olur. Buna karşın, izoterm nesnelerin entropisi çok yüksektir: Burada parçacıklar rastgele hareket ederler. Belli bir nesnenin karmaşıklığının artması, nesnenin entropisinde sürekli bir düşüş anlamına gelir.

30 Termik makinelerin (araba, lokomotif, termoelektrik santralleri...) özelliği, farklı sıcaklıklarda iki hazne içermelidir. Bu şekilde elde edilen enerjinin niteliği, sıcaklık farkıyla birlikte artar. İki sıcaklık aynı olursa, hiçbir hareket, hiçbir elektrik akımı elde edilemez.

31 Enerji niteliğindeki bu iyileşme, sistemin entropisinde azalmaya karşılık gelir. Kozmik entropide daha önemli bir artış söz konusu olduğunda, bu iyileşme gerçekleşemez. Açık bir sistemde gerçekleşen iyileşme, evrensel enerjilerin niteliğinin azalmasını hızlandırır.

32 "Büyük ayrılma" demek daha doğru olurdu.

33 Bu terminolojiye daha kolay alışabilmek için kapalı bir kavanoza 10 tane siyah ve 10 tane beyaz bilye koyalım. Beyaz ve siyah bilyeler arasında "simet-

ri" vardır. Şimdi de, siyah bir bilyenin beyaz bir bilyeyle karşılaştığında ikisinin de yok olduğunu düşleyelim. Bir süre sonra, torbada hiçbir şey kalmaz. Şimdi kavanoza bir beyaz bilye ekleyerek faz geçişi etkisi yaratalım. Bu ekleme simetriyi kırar. 11 beyaz ve 10 siyah bilye vardır. Karşılaşmalardan sonra geriye bir tane beyaz bilye kalır; bu bilye hayatta kalışını, sağlanan simetrisizliğe borçludur.

34 Devlerle yaptığımız benzetmeyi tamamlamak için, karşıt madde teriminin hiç de haketmediği, olumsuz bir yananlam (karşıt genler vb.) taşıdığını da ekleyelim. Başlangıçta her iki madde tamamen simetriktir. Eğer karşıt madde kazanmış olsaydı, bu defa ona madde diyecek ve karşıt madde terimini de kaybeden için kullanacaktık.

35 Dayanıksız parçacıkların hepsi aynı zamanda parçalanmaz. Yok olmaları, "ortalama süre" denilen bir döneme yayılır. Arkeologların mumyaların yaşını tespit etmekte kullandıkları karbon 14'ün ortalama süresi 5600 yıldır. Bu, söz konusu dönemden sonra karbon 14 çekirdeklerinin yarısının yok olduğunu gösterir. Buna denk bir dönem sonunda geriye bir çeyrek kalacaktır, vs.

36 Geleceği görme zorluğu, jargonda "başlangıç verilerine duyarlılık" denilen bir olgudan ileri gelir. Devinen bir cismin izlediği yolu, bir hesap programı aracılığıyla takip edebilmek için önce başlangıç verilerini enjekte etmek, yani konumunu ve çıkış hızını belirlemek gerekir. Bunun ardından, bilgisayar cismin yörüngesini hesaplamakla uğraşır. Bazı koşullar altında, başlangıç verilerindeki çok küçük bir değişikliğin izlenen yörüngede müthiş bir değişime yol açtığı görülür. Başka bir deyişle, hesabın başında son derece yakın olan iki yörünge hızla birbirinden ayrılır. Bu durumda yörüngenin "kaotik" olduğu söylenir.

Niçin bazı fenomenler başlangıç verilerine duyarlıdır? (yani öngörülebilir, yaklaşmış bir ufukları vardır?) Bu durum, fenomenin kaynağının - dolayısıyla devingen cisme etki yapan kuvvetin - kendisi de bu fenomenin geri etkisi altında kalıyorsa gerçekleşir. Örnek olarak, Satürn'ün halkaları etrafında dolaşan uyduları alalım. Bunlara çoban-uydular denir, çünkü halkaları belli bölgelere hapseden etkileri vardır. Küçük bir uydu, çekimi dolayısıyla, içinde seyrettiği halkaların biçimini değiştirir. Bu deformasyon da kütleleri başka yere kaydırarak, uydu üzerinde etki yapan kütlesel çekim kuvvetini değiştirir. Değişen yörünge yeni bir yörünge deformasyonuna yol açar vs. Böylelikle, "doğrusal olmayan" bir durumdan ya da "geri etkileşimli kıvrımlardan" söz edilir. Bir değişken bir diğer değişkene, bu diğer değişken de yine birinci değişkene bağlıdır. Bu etkilerin zaman içinde büyümesi, yörüngelerin ıraksamasının nedenidir. Satürn'ün uydularından bazıları için, öngörülen ufuk uzaklığı günlerle ölçülür!

37 Bu düşünceler, ilk olarak yüzyıl başında Henri Poincaré tarafından formüle edilmiştir. Bilgisayarlar yardımıyla, kolaylıkla doğrulanacaklardır.

38 28 Şubat 1997'de Paris Astrofizik Enstitüsü'nde verilen konferans.

39 Bu tahminî bağlamda, öngörülen olay tiplerini belirtmek önemlidir. Özel bir sürecin sonucuyla (bir uydunun yörüngesi) mı, yoksa bir olgular bütünü hakkındaki ortalama değerlerle (bir grup göktaşının hareketi) mi ilgileniyoruz? Bir olaylar bütününün geleceğini tahmin etmek mutlaka daha kolaydır: Iraksak yörünge oyunları ortalama olarak kurularak çok daha önceden görülebilen sonuçlar verir.

En uç durum, termodinamik dengedir. Termodinamik ve kimyasal dengede bulunan izoterm bir gazın içinde, moleküller enerji, hareket miktarı ve kimyasal yapı değiştirir. Özel yörüngeler hakkında bildiklerimiz onları tanımlayan denklemlerin başlangıç koşullarına duyarlılığıyla sınırlıdır. Ne var ki; parçacıkların hız dağılımları, ışık dalgalarının büyüklükleri ve farklı bileşenlerin oluşturduğu göreli gruplar bilgimiz dahilindedir. Aslında bu sonuçlar sistemin enerjetiğiyle belirlenir. Karşımıza, denge denklemleri denilen denklemler (kütlesel çekim kanunu, Boltzmann denklemi, Saha denklemleri vb.) çıkar, bu denklemler yalnızca sistemin bileşenleri arasındaki enerji farklarının hesabını devreye sokar.

40 Duruma uygun düşen enerji giderek daha az kullanılabilir hale gelir, entropi artar.

41 Dönüşümün yavaşlığı, evrenin evrimi için temel olan bir başka fenomene yol açar: aşırı ergimeye. Suyumuzu çok yüksek bir hızda soğuttuğumuzu düşleyelim. Donmanın yavaşlığı nedeniyle su, normal donma noktasının (0 derece) altında da sıvı halde kalabilir. Bu durumda su, aşırı ergime denilen bir dengesizlik halinde bulunur. En düşük enerji halinde değildir. Bu durum, sonsuza dek süremez. Er ya da geç buz "bastırır", bağ enerjisi çok hızlı bir biçimde serbest kalır. Bu olayın dramatik sonuçları olabilir.

Kozmik boyutta, başlangıçtaki nükleer etkinlik bir aşırı ergime dönemine yol açar: Temel hidrojenin bir kısmı helyuma dönüşmez ve yıldızlara yakıt olur. Elektromanyetik kuvvet içinse durum farklıdır. 3000 K'nın altında fotonlar, artık atomları ayrıştıracak kadar enerji taşımazlar. Evren, proton ve elektron plazması halinden hidrojen atomu plazması haline geçer. Bundan, Evren'in kendi kendine karmaşıklaşmış olduğu sonucu çıkarılmaya çalışılmıştır. Durum böyle değildir. Karmaşıklık tanımımızda çeşitlilikten söz ettiğimizi hatırlatalım. Kuvvetleri yöneten kanunların sıkı uygulanması bizi homojen bir durumdan başka bir homojen duruma geçirmiştir.

İki durum neden böylesine farklı sonuçlar vermiştir? Niçin elektronların karşılaşması yalnızca tekdüzelik doğururken, protonlarla nötronların karşılaşması çeşitlilik üretir? Çeşitliliğin sırrı nedir? Evren'in genişleme ritmi, bir durumda dengesizlik yaratmaya yeterken bir başka durumda yetmez.

42 Bu iç uyumun ortaya çıkmasının, fizikî sistemlerin asgari enerji halini alma yönündeki genel eğilimleriyle bağdaştığını ekleyelim. Konveksiyon işlemeseydi, suyun derecesi her noktada daha yüksek olurdu. Hareketlerin düzenlenmesi, suyun termik enerjisinde azalmaya karşılık gelir.

43 Enformatik alanından iki basit örnek bizi bu birleşmenin sınırlarına taşıyacak. Hepsi de özdeş olan bir milyon komutluk bir program hazırlayalım: "Sıfır yazın". Bu programın bilgi içeriği yüksektir fakat sonuç bir milyon tane sıfırdan oluşan bir dizi olacaktır. Aslında bu dizinin düzenliliği çok daha kısa bir programla aynı sonucu elde etmekte kullanılabilir. Bu program - kendi dilinde - "Bir milyon tane sıfır yazın" diyecektir. Program "sıkıştırılmıştır".

Tersine, şimdi de bir milyon tane sıfır ve bir içeren bir dizi yazacak bir program düşünelim ve bu sıfırlarla birler önceden yazı tura yoluyla elde edilmiş olsun. Yine bir milyon tane komut gerekecektir. Fakat bu defa bunu başka türlü gerçekleştirmenin yolu yoktur. Dizinin rastlantısal doğası, hiçbir düzenin olmamasını gerektirir. Ve yine sonuca karmaşık denemez.

44 Kristal oluşumuna, ısı yayılımı eşlik eder. Termodinamiğin gerektirdiği entropi fazlasını uzağa taşıyan budur.
45 Biyologlar, bunun asla olmayacağını söylüyor.
46 İşte, ses olaylarına alışık olmayan okuyucular için birkaç teknik özellik. Ses, havada fakat aynı zamanda sıvılarda ve katı cisimlerde yayılan bir dalgadır. Bir dalganın ne olduğunu hatırlamak için, bildik bir örnek alalım. Bir sinek, uçuşarak göl yüzeyinden kaçmaya çalışır. Kanat çırpışlarından kaynaklanan bir dizi dalgacık, düşük hızda - saniyede birkaç 10 cm. - çevresine yayılır. Bu dalganın *genişliği*, ortalama su seviyesinin üstüne (birkaç mm.) çıkan tepe noktalarıyla ölçülür. Ardışık iki tepe noktası arasındaki mesafe, *dalgaboyudur* (birkaç cm.), *dalganın frekansı* ise saniyede yayılan halka sayısıyla (saniyede üç ya da dört) ölçülür.

Dalgacıkların yayılırken bir engelle (örneğin bir başka sinekle) karşılaştığını varsayalım. Burada; aynı özekten çıkan halkaları uzaklaşan yeni bir dalga oluşur (*yandaki resme bakınız*). Yeni dalgacılar, iki türdeş arasındaki mesafeye bağlı bir süre sonunda ilk sineğe ulaşır. Bu gidiş-dönüşün zamanı, dalganın hızı biliniyorsa, ikincinin mesafesini hesaplamamızı sağlar. Bu, eski denizcilerin, ayrıntılarını bilmeksizin faydalanmayı bildikleri yöntemdir.

Yansıtılan dalga, yansıtan cismin özellikleri hakkında eşsiz bilgiler taşır. Yolculuğun süresi, cismin mesafesini verir, genişliği hacminden ve biçiminden kaynaklanır. Eski zaman denizcileri büyük ihtimalle bu özelliği bilmiyor değillerdi: Tek başına bir resifle geniş bir falez siste aynı sinyali almaz.

Yansıtılan dalga bize ayrıca karşılaştığı cismin hareketi hakkında da bilgi verir. Dalgaboyu, cisim uzaklaştığında daha uzun, yaklaştığındaysa daha kısa olur. Bu olay "kayma" ya da XIX. yüzyılda bu olayı keşfetmiş olan fizikçilerin adından gelen Doppler-Fizeau etkisi adını taşır.

Su dalgalarının bütün bu özellikleri ses olayı bağlamına oturtulabilir. Bir keman telinin etrafında, boşluğun hacmi içine bir dalga yayılır. Dalgacıklar

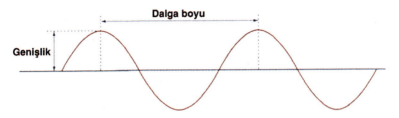

*Dalgaların özellikleri. Dalgaboyu tepe noktaları arasındaki mesafe, genişlik ise tepe noktasının yüksekliğidir. Frekans, saniyede alınan tepe noktalarının sayısıdır; buna saniyedeki titreşim sayısı da denir.*

halka değil; kaynaktan uzaklaşan, özdekleri bir kürelerdir. $Cm^3$ başına, aralarındaki boşluktan daha fazla hava molekülü içerirler. Su yüzeyindeki dalgalardan çok daha hızlı devinirler. Atmosfer içinde saniyede 300 m.'ye ulaşırlar. Şimşeğin çaktığı yerin mesafesini ölçmek için, şimşekle gökgürültüsü arasındaki saniyeleri saymak gerektiğini herkes bilir. Her 3 saniyelik süre, yaklaşık 1 km.'yi belirtir. Geceleyin falezlerin mesafesini öğrenmek için, saniyelik süre altıya bölünür: dalganın gidişi ve dönüşü.

Hareket, su dalgalarında olduğu gibi dalgaboyunu değiştirir. Yolda kalan arabalar, onları geçen arabaların yaydığı ses dizisini iyi bilir. Ses, arabalar yaklaştığında daha yüksek, uzaklaşırken daha pestir. Trafik polisleri bu olayı arabaların hızını ölçmekte kullanabilir. Gerçekten de son derece benzer bir yöntem kullanırlar, bu yöntem ses dalgalarına değil elektromanyetik dalgalara (radar) dayanır.

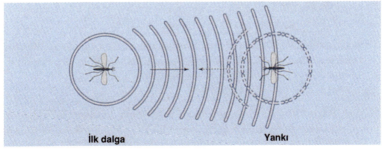

*Sineğin bacaklarının hareketi, bir dizi su dalgasının (sudaki halkalar) yayılımına neden olur. Dalga dizisinin bir engelle karşılaşması, o noktanın etrafına yeni bir dalga dizisi yayılmasına yol açar.*

47 Herhangi bir karışıklığı önlemek için, pilotların elektromanyetik dalgaları (radar), yarasalarınsa ses dalgalarını (sonar) kullandığını hatırlatalım.
48 Özellikle *Nature* ve *Science* gibi bilimsel dergiler.
49 Bu saatlere "günlük saatler" denir; hemen hemen 24 saatlik esasa göre çalışırlar.
50 İnsanların yer manyetizmasının bu dikey bileşenini ancak 1550'de keşfettiklerini hatırlatalım.
51 Ne var ki, genellikle insan etkinliklerinden - atmosfer kirliliği ve gürültüler - kaynaklanan hatalar zaman zaman gözlemlenir. Yakın zamanda Yunanistan'da NATO'ya ait güçlü ses vericileri çalışırken pek çok balina yanılmıştı.
52 Bu ilkbahar avı yasal değildir ve cezası büyüktür. Ancak siyasi nedenlerden dolayı kanun genelde uygulanmamaktadır. Bu protesto eylemine katılmak isteyen okuyuculara, Aquitaine Bölge Konseyi Başkanlığı'na (Parc des Expositions, 33300 Bordeaux) mektup yazmalarını öneririm. Mektubun bir kopyasını benim adıma, Editions du Seuil'e de gönderirlerse çok sevinirim.
53 Doğal teknolojileri taklit etmeye uğraşan çalışmalara "biyonik" denir. Denizaltıların burgaçlamasını azaltmak için yunusların kıvrak yüzüşü taklit edilmeye çalışılıyor. "Gizli uçakların" performansını artırmak için baykuşların sessiz uçuşu yeniden üretilmeye çalışılıyor.
54 Tıbbî aşı da aynı ilkeden çıkar. Düşük dozda mikroplu bakteri enjekte edilerek özel düşmanlarının üretimi sağlanır.
55 Bağışıklık sisteminin davranışı, rastlantının doğada oynadığı rolü (bölüm 4) açıklanır. Alyuvarların karşılaması gereken farklı saldırganların sayısı on milyona hatta yüz milyona varabilir. Her biri, özel bir genom (türün kromozomlarının taşıdığı genler bütünü) tarafından üretilen farklı bir anahtar gerektirir. Bu hedefe ulaşmak için gereken bilgi miktarı, canlıların enformatik kapasitesini büyük ölçüde aşacaktır!
Organizmayı bu kadar çok farklı tehdide karşı nasıl korumalı? Bağışıklık sisteminin yanıtı son derece kurnazdır. Genom bütün anahtarları değil, bir Meccano'nun parçalarına benzer (yaklaşık yüz tane) anahtar parçacıkları üretir. Bu parçacıklar daha sonra alyuvar yüzeyinde birleşerek bütün bir anahtar oluşturacaktır. Önemli nokta: Bu birleşmeler rastgele gerçekleşir. Tüm permütasyonlar serbesttir. Mümkün olan bileşkelerin sayısı artık, mümkün olan hedeflerin sayısından yüksektir.
Böylelikle, yüz kadar parçacığın rastgele birleşmesi oyunuyla gerekli anahtarların müthiş çeşitliliği ortaya çıkar ve canlı organizmaların korunmasını sağlayan bağışıklık sisteminin iyi işlemesi sağlanır. Rastlantı bir kez daha kozmik evrim hesabına çalışmıştır. Albert Jacquard bunu haklı olarak "rastlantı rastlantıya karşı" diye yorumluyor.
56 bkz. not 14.
57 Bergson'un –erken gelen!– yorumu: "Evrim yalnızca ileriye doğru bir hareket değildir; pek çok vakada yerinde sayma durumu, daha sıklıkla sapma ya

da geriye dönüş gözlemlenir... Her ayrıntının bütünsel bir plana bağlı olduğu ilkesini benimseyerek işe başlayan filozof, hayal kırıklığından hayal kırıklığına koşar...

58 Henri Bergson, *L'Evolution Créatrice (Yaratıcı Evrim), op. cit.*, s. 103: "Adaptasyon, evrim hareketinin dolmabaçlarını açıklar, fakat hareketin genel yönlerini ya da hareketin kendisini açıklamaz. Şehre giden yol, yokuşları tırmanmak ve yamaçlardan inmek zorundadır, yerin engebelerine uyum sağlar; ancak engebeler yolun nedeni değildir, yönünü de belirlemiş değildir. [...] Aynı şekilde yaşamın evrimi için de [...] bu farklılık söz konusudur, evrim tek bir yol çizmez, [...] adaptasyonlarına dek herşeyde yaratıcı kalır." Sayfa 97: "Bu hareketin yönü büyük ihtimalle önceden belirlenmiş değildir: Yaşamın evrimleşerek yolun üzerine serptiği biçimlerin öngörülemez çeşitliliği buradan çıkar. Ancak bu hareket yine de az çok ileri bir derecede, bir olumsallık karakteri gösterir."

59 Bu, insanlığa 3000 yıl verirdi! Bu biraz kısa. Ancak farketmez, esas olan bu değil.

60 Mark Twain, insanlığın bugün biyosfere yönelttiği tehditleri bilseydi, belki insan soyunun önemi hakkındaki fikrini değiştirirdi!

61 Blaise Pascal bunun öncülerinden biriydi: Aletleri, Clermont-Ferrand Müzesi'nde görülebilir.

62 Henri Bergson, *a.g.e., op. cit.*s.103: "Ne var ki; evrim rastlantısal koşullara uyum sağlamaktan başka bir şeyse de, bir planın gerçekleştirilmesi değildir. Plan, önceden verilen bir şeydir. Gerçekleştirilme ayrıntısından önce sunulur ya da en azından sunulabilir. Tam tersi, evrim hiç durmadan yenilenen bir yaratıysa, giderek yalnızca yaşam biçimlerini değil yaşamı anlayacak bir zekâ ortaya koyacak fikirleri, bunu ifade etmeye yarayacak terimleri de yaratır. Bu, evrimin geleceği şimdisinin dışına taşıyor ve orada kendini bir fikir olarak çizemiyor demektir."

63 NASA:National Aeronautics and Space Administration; ESA. European Space Agency.

64 Kevin Padian ve Louis Chappe, "L'origine des oiseaux et de leur vol" (Kuşların ve Uçuşlarının Kökeni), *Pour la science*, Nisan 1998.

65 Stephen Jay Gould, *L'Eventail du vivant: le mythe du progrès (Canlının Yelpazesi: İlerleme Miti),* Paris, Editions du Seuil, "Science Ouverte", 1984. Kelimenin altını, ilerideki tartışma nedeniyle ben çizdim.
Burada, 1989'da Edinbourgh'da bir madalya töreninde yapmış olduğu konuşmanın metnini referans olarak veriyorum: "While not denying that the most complex creature on Earth has tended to be more complex through time, we are really looking at it in an odd way because it is more an expansion from the necessary simplicity of beginnings rather than a necessary predictable drive towards higher states of organization. Life for chemical reasons originated right at the lower bound of its conceivable preservable complexity... You can-

not begin with a lion; you begin with something really simple, some simple precursor. And if you begin there, there is no room below it for less complexity. If life is going to expand it's going to occasionally add more complexity and there is a drive in that direction; it is just a general expansion."

66 Karşı örnek olarak, naif bir soru yöneltelim: Pireler neden bir yarımküre üzerinde değil de tam daire üzerinde yayılırlar? Yanıt: Fizik kanunları buna izin vermez; yerçekimi yarımküresel bir hacmin gerektireceği, uzayda hareketsiz bir duraklamaya karşıttır. Bunun kendiliğinden olmasını beklemek faydasızdır...

67 Richard Dawkins, *Pour la science,* Ocak 1996.

68 İngilizce: "Your joys and your sorrows, your memories and your ambitions, your sense of personal identity and free will are in fact no more than the behaviour of a vast assembly of nerve cells and associated molecules." (*Scientific American*, 1994, sayı 271.)

69 "Ağacın, köklerinden tırmandığını hissetiği derin huzur hissi, tamamen keyfî ve rastlantısal bir varlık olmadığımızı; mirasçısı, çiçeği ve meyvesi olduğumuz bir geçmişten doğduğumuzu ve bu sebeple, ne isek o olduğumuzdan ötürü özrümüzün olduğunu, hatta haklı olduğumuzu bilmenin verdiği haz; işte günümüzde gerçek tarih denilebilecek olan budur. (Friedrich Nietzsche, *Unzeitgemässe Betrachtungen [Zamana Aykırı Düşünceler]*)

70 Henri Bergson, *a.g.e, op.cit.*s. 240:"Bir parça icat içeren her insane yapıtı, bir parça özgürlük içeren her istemli hareket, eşzamanlılık gösteren her organizma devinimi dünyaya yeni bir şey getirir."

# KAYNAKÇA

Adami Christoph, *Introduction to Artificial Life (Yapay Yaşama Giriş)*, New York, Telos (Springer), 1998.

Arnold Philippe (derleyen), *Cigognes (Leylekler)*, Strasbourg, Editions La Nuée bleue, 1992.

Balter M., *Science*, 16 août 1996, 273. sayı, s. 870.

Bergson Henri, *L'Evolution créatrice (Yaratıcı Evrim)*, 1907; 7. baskı, Paris, Presses universitaires de France, 1996.

Bibring Jean-Pierre et Encrenaz Thérèse, *Le Système solaire (Güneş Sistemi)*, Paris, Editions du CNRS, 1986.

Caissy René, "La chauve-souris, princesse des ténèbres" (Yarasa, Karanlıkların prensesi), *Québec Science*, Temmuz-Ağustos 1989.

Cassé Michel, *Du vide et de la création (Boşluk ve Yaratılış Üzerine)*, Paris, Odile Jacob, 1995.

Chalmer D. J., "The puzzle of Conscious Experience" (Bilinç Deneyi Bulmacası), *Scientific American*, Aralık 1995, s. 62.

Cohen Jack et STEWART Ian, *The Collapse of Chaos (Kaosun Çöküşü)*, New York, Viking, 1994.

Conway MORRIS Simon, *The Crucible of Creation: the Burgess Shale and the Rise of Animals (Yaradılış Deneyi: Burgess Shale ve Hayvanların Ortaya Çıkışı)*, Oxford University Press, 1998.

Coppens Yves, *Le Singe, l'Afrique et l'Homme (Maymun, Afrika ve İnsan)*, Paris, Fayard, 1983.

Crick Francis, *Scientific American*, Haziran 1994, 271. sayı.

Dawkins Richard, *Scientific American*, *Pour la science* için yapılan çeviriden, Ocak 1996.

Emlen Stephen T., "The Stellar Orientation System of a Migratory Bird" (Bir Göçmen Kuşun Yıldızlara Göre Yön Bulma Sistemi), *Scientific American*, 1975, s. 102.

Fischetti Antonio, "Ainsi parlent les baleines" (Balinalar böyle söyledi), *Science et Avenir*, Haziran 1997, s. 52.

Ford Joseph, *La Nouvelle Physique (Yeni Fizik)*, Flammarion, "Science", 1993.

Gell-Mann Murray, *Le Quark et la Jaguar: voyage au cœur du simple et du complexe (Kuvark ve Jaguar: Basidin ve Karmaşığın Kalbine Bir Yolculuk)*, Paris, Albin Michel, "Science d'aujourd'hui", 1995; yeni baskı Flammarion, "Champs", 1997.

Glanz James, "From a Turbulent Maelstrom, Order" (Şiddetli Bir Maelstrom'un Düzeni), *Science*, 24 avril 1998, 280. sayı.

Gould James L., "Fly (almost) South Young Bird" (Yavru Güney Kuşunun (neredeyse) Uçuşu), *Nature*, 12 septembre 1996, 383. sayı, s. 123.

Gould Stephen Jay, D*arwin et les Grandes Enigmes (Darwin ve Büyük Bilmeceler)*, Paris, Editions du Seuil, "Point Sciences", 1984.

—, *L'Éventail du vivant: le mythe du progrès (Yaşam Yelpazesi: Yayılma Miti)*, Paris, Editions du Seuil, "Science ouverte", 1997.

Guilford Tim et Harvey Paul H., "The Purple Patch" (Mor Delik), *Nature*, 30 avril 1998, 392. sayı.

Hersch Jeanne, *L'Etonnement philosophique (Felsefi Şaşkınlık)*, Gallimard, "Folio Essais", 1993.

Horgan J., *Scientific American*, Haziran 1995, s. 74.

La Hulotte, "Les Chauves-Souris" (Yarasalar), Kasım 1973.

Lachièze-Rey Marc, *Initiation à la cosmologie (Evrenbilime Giriş)*, Paris, Masson, 1996, 2. baskı.

Lohmann K. J. et C. M. F., "Detection of Magnetic Field Intensity by Sea Turtles" (Deniz Kaplumbağalarının Manyetik Alan Yoğunluğu Taraması), *Nature*, 7 Mart 1996, 380. sayı.

Long Michael E., "Secrets of Animal Navigation" (Hayvanların Seyrüseferinin Sırları, *National Geographic Magazine*, Haziran 1991.

Luminet Jean-Pierre, *Les Trous noirs (Kara Delikler)*, Paris, Editions du Seuil, "Points Sciences", 1992.

Margulis Lynn et Sagan Dorion, *L'Univers bactériel (Bakterilerin Evreni)*, Albin Michel, 1989.

Museum d'histoire naturelle de Bordeaux, *Les Chauves-Souris (Yarasalar)*, 1991.

Nachtigall Paul E. et Moore Patrick W. B. (derleyen), *Animal Sonar. Processes and performance (Hayvan Sonarı. Süreçler ve Performans)*, New York, Plenum Press, 1988.

*New York Times*, 28 Eylül 1993, p. CI.

Nietzsche Friedrich, *İyinin Kötünün Ötesinde Bir Gelecek Felsefesini Açış (Jenseits von Gut und Böse)*, 1886; Ara Yayıncılık.

Padraux K. et Chappe L., "L'origine des oiseaux et de leur vol" (Kuşların ve Uçuşlarının Kökeni), *Pour la Science*, Nisan 1998.

Pascal Blaise, *Düşünceler (Pensées)*, 1670; Kaknüs Yayınları, Aralık 1996

Prantzos Nicolas, *Voyage dans le futur: l'aventure cosmique de l'humanité (Gelecekte Yolculuk: İnsanlığın Kozmik Macerası)*, Paris, Editions du Seuil, "Science ouverte", 1998.

Seachrist Lisa, "Turtle Magnetism" (Kaplumbağa Manyetizması), *Science*, 29 Nisan 1996, 264. sayı, s. 661.

Shettleworth Sara, *Scientific American*, Mart 1983, s. 102.

Stewart Ian, *Life's Other Secret: the New Mathematics of the Living World (Hayatın Diğer Sırları: Yaşayan Dünyanın Yeni Matematiği)*, New York, John Wiley, 1998.

Suga Nobuto, "Le système sonar des chauves-souris" (Yarasaların Sonar Sistemi), *Pour la science*, Ağustos 1990.

Thuan Trinh Xuan, *Le Chaos et l'Harmonie (Kaos ve Armoni)*, Paris, Fayard, 1998.

Tupinier Denise, *La Chauve-Souris et l'Homme (Yarasa ve İnsan)*, Paris, L'Harmattan, 1989.

Van Zyll de Johng, C. G., *Traité des mammifères du Canada (Kanada Memelileri Kitabı)*, Ottawa, Doğa Bilimleri Müzesi, 1983, t. II.

Vauclair Sylvie, *La Symphonie des étoiles (Yıldızlar Senfonisi)*, Albin Michel, 1996.

Walcott Charles, "Show me the Way you go Home" (Bana Evin yolunu Göster), *Natural History*, Kasım 1989, s. 40.

Weindler P., Wiltschico R. et Wiltschico W., "Magnetic Information Affects the Stellar Orientation of Young Bird Migrants" (Yavru Göçmen Kuşların Yıldızlara Göre Yön Bulmalarını Manyetik Bilgi Etkiliyor), *Nature*, 12 Eylül 1996, 383. sayı, s. 158.

FOTOĞRAFLAR VE İLLÜSTRASYONLAR

s. 9: Hubert Reeves'in koleksiyonundan - s. 10: F.Cahez/LPO - s. 15: Nasa (ayrıntı) - s. 20: Nasa - s. 25: Hale Gözlemevi - s. 29: Nasa - s. 39: Nasa (ayrıntı) - s. 40: A.Libin - s.43: Jacques Very - s. 48 (solda): Griessier Barlow - s. 48 (sağda): Nasa - s. 49 (üstte): Nasa - s. 49 (aşağıda): Keck teleskobu - s. 50: Kharbine-Tapador - s. 51: Adler Yıldızlığı'ndan - s. 54: Nasa - s. 57: Nasa - s. 61: Nasa - s. 68: Nasa - s. 69: Nasa - s. 73: Nasa (ayrıntı) - s. 76: Nasa - s. 84 (aşağıda): P. Chefson/LPO - s. 88: Agnès Acker/Strasburg Yıldızlığı - s. 91: Philippe Brenot - s. 99: Nasa - s. 111: Claude Nuridsany ve Marie Pérennou (ayrıntı) - s. 122: Jelica Obrenovitch - s. 125: DR - s. 128: Nasa - s. 129: Claude Nuridsany ve Marie Pérennou - s. 131: Claude Nuridsany ve Marie Pérennou - s. 132: Claude Guihard/LPO - s. 135: M. Jozon/Hoaqui - s. 137: Claude Nuridsany ve Marie Pérennou - s. 138: Hansen Yıldızlığı, Salt Lake City - s. 141: Claude Guihard/LPO (ayrıntı) - s. 149: Dalton/NHPA - s. 163: Claude Guihard/LPO - s. 165: Philippe Pringent/LPO - s. 178: Claude Nuridsany ve Marie Pérennou - s. 186-187: Pour la Science'tan, Nisan 1998.
45-51-84-145-146-155-167-168-176-186-187-188'deki kitap resimleri Dimitri Rasturguef tarafından gerçekleştirildi.
İllüstrasyonlar Cursives tarafından hazırlandı.

YAPI KREDİ YAYINLARI / **DOĞAN KARDEŞ KİTAPLIĞI**

## İLKGENÇLİK KİTAPLIĞI

**Duvar Öyküsü** Adalet Ağaoğlu

**Gütenberg Gökadasına Gezi** haz. Enis Batur

**Dede Korkut** Adnan Binyazar

**Yeşil Kiraz 1** Gülten Dayıoğlu

**Yeşil Kiraz 2** Gülten Dayıoğlu

**Matilda** Roald Dahl

**Robinson Crusoe** Daniel Defoe

**Tevfik Fikret** Memet Fuat

**Karacaoğlan** Memet Fuat

**Yunus Emre** Memet Fuat

**Pir Sultan Abdal** Memet Fuat

**Şinasi** Memet Fuat

**Namık Kemal** Memet Fuat

**Ahmet Haşim** Memet Fuat

**Gençlere Avrupa Tarihi** Jacques Le Goff

**İlk Dünya Hikâyeleri** Ted Hughes

**Gençlere Türk Romanında Altın Sayfalar I-II** haz. Selim İleri

**İlkgençlik Çağına Öyküler I-II** haz. Selim İleri

**Cengel Kitabı** Rudyard Kipling

**Kuşlar, Harika Kuşlar** Hubert Reeves

**Albion'un Rüyası** Roger Norman

**Cuma** Michel Tournier

http://www.shop.superonline.com/yky

YAPI KREDİ YAYINLARI / **DOĞAN KARDEŞ KİTAPLIĞI**